CONVERSAS COM UM JOVEM PROFESSOR

Proibida a reprodução total ou parcial em qualquer mídia
sem a autorização escrita da editora.
Os infratores estão sujeitos às penas da lei.

A Editora não é responsável pelo conteúdo deste livro.
Os Autores conhecem os fatos narrados, pelos quais são responsáveis,
assim como se responsabilizam pelos juízos emitidos.

Consulte nosso catálogo completo e últimos lançamentos em **www.editoracontexto.com.br**.

LEANDRO KARNAL

CONVERSAS COM UM JOVEM PROFESSOR

com a colaboração de
ROSE KARNAL

Copyright © 2012 do Autor

Todos os direitos desta edição reservados à
Editora Contexto (Editora Pinsky Ltda.)

Foto de capa
"Girassóis na Borgonha", Jaime Pinsky

Montagem de capa e diagramação
Gustavo S. Vilas Boas

Preparação de textos
Lilian Aquino

Revisão
Lourdes Rivera

Dados Internacionais de Catalogação na Publicação (CIP)
(Câmara Brasileira do Livro, SP, Brasil)

Karnal, Leandro
Conversas com um jovem professor / Leandro Karnal (com a colaboração de Rose Karnal). – 1. ed., 12ª reimpressão. – São Paulo : Contexto, 2025.

ISBN 978-85-7244-723-2

1. Educação 2. Ensino – Métodos 3. Inovações educacionais 4. Pedagogia 5. Prática de ensino I. Karnal, Rose. II. Título.

12-04548   CDD-370

Índice para catálogo sistemático:
1. Reflexões sobre ensino : Educação 370

2025

Editora Contexto
Diretor editorial: *Jaime Pinsky*

Rua Dr. José Elias, 520 – Alto da Lapa
05083-030 – São Paulo – SP
PABX: (11) 3832 5838
contato@editoracontexto.com.br
www.editoracontexto.com.br

*Ao dr. Renato Karnal, professor e pai inesquecível, dedicamos este livro.
Aprendemos com ele: "Os que ensinam os outros, um dia,
como estrelas no céu brilharão". (Daniel 12, 13)*

SUMÁRIO

INTRODUÇÃO 9

A AULA-INTRODUÇÃO AO JOGO E SUAS REGRAS 15
    A aula 18
        Primeira linha: você 18
        Segunda linha: conteúdo 19
        Terceira linha: condições externas 20
        Quarta linha: o aluno 22
    Aula e teatro 23
    O que deve ser preparado na prática 25
    Eu fiz tudo, mas... 26

AS PEDRAS DA NOSSA ESTRADA 29
    Erro 1: Quem é adulto nesta sala? 30
    Erro 2: Agora vocês vão ver... 33
    Erro 3: Decifra-me ou te devoro 35
    Erro 4: Sou um professor, não um aluno mais adiantado 38
    Erro 5: Desistir de um aluno 39

A TAL DA CRIATIVIDADE 43
    Método criativo? 51

PAIS, COLEGAS E DIRETORES 59
    Os pais, manual de instruções..59
    Direção e Coordenação..64
    Os colegas...69
    Para encerrar… 74

APERTEM OS CINTOS, CHEGOU O DIA DA PROVA.....................77
    O dia da prova… 77
    Chegou o dia... 78
    Preparando a prova..78
    Aplicando a avaliação..82
    Corrigindo 83
    Entregando..85
    Os cuidados...86
    O dia do Conselho..87

TECNOLOGIA E SALA DE AULA...91
    Ainda apocalípticos e integrados.....................................92
    Não apenas máquinas, mas cérebros...............................98
    Um caso de sucesso 101

DISCIPLINA, por Rose Karnal.. 105
    Fiz o possível, mas *este aluno*... 114

POR QUE CONTINUO SENDO PROFESSOR? 121
    Somos todos "chorões profissionais"?............................ 123
    Há algo de bom?... 129
    Para encerrar 131

CONCLUSÃO... 135

LIVROS PARA PENSAR MAIS 141

OS AUTORES 143

INTRODUÇÃO

Tudo tem seu tempo e sua hora, garante a antiga palavra do Eclesiastes. A hora deste livro custou a chegar. Desde o primeiro contato com uma sala de aula regular, passei a fazer, como todo professor, reflexões práticas. Nosso cérebro, didático, vai acumulando uma lista de "fazer" e "não fazer", que cresce e se modifica a cada ano. Mas o tempo das listas era o tempo da trincheira e não o da escrita. As demandas variavam, precisei fazer pós-graduação, escrever muitas coisas antes e este livro não surgia.

Enfim, chegou este momento. Acho perfeito que tenha sido em 2012. Por quê? Em primeiro lugar, acumulei quase 30 anos de magistério. Este é um tempo bom. Talvez eu esteja cansado demais quando tiver 50 anos de magistério. Talvez fosse prematuro escrever quando eu tinha 10 anos de profissão. Trinta anos é um bom tempo. A curva da experiência inclinou-se, pesada, com dezenas de lugares, milhares de alunos, centenas de colegas. Mas ainda não significa a melancolia semiamarga que a experiência, com frequência, traz para as diversas profissões. Ainda há vontade de ser professor e, se não identifico mais a labareda que incinerava tudo no início, também é evidente que não vivo um universo de cinzas. É um lugar bom: o ponto do meio para a frente, o ponto de uma avaliação que escape de dois polos enganadores – o entusiasmo excessivo e a tristeza. Ambos embaçam a visão.

Em segundo lugar, porque acho que há um espaço de grande carência para nós, professores. Há tratados excelentes sobre o conhecimento, sua gênese e sua sociologia. Estudei e leio até hoje, com prazer, reflexões sobre as armadilhas das instituições e as hierarquias de poder. Também li, com proveito, reflexões sobre estrutura e funcionamento do ensino, reformas nos currículos, história da educação, epistemologia das ciências. Tudo existe em abundância. Os bons cursos de formação de professores apresentam esse recorte. Mas faltava algo, um livro prático, com indicações que não mirassem no fim último apenas, mas no passo inicial. Faltava um texto que apontasse, a quem está começando ou já começou a sua jornada de professor, indicações que falem de conselho de classe, de disciplina, elaboração de provas, o que esperar de coordenadores etc. Faltava um manual de construção, já que existem bons textos sobre os estilos arquitetônicos do prédio pronto. Faltava, na minha visão, um texto que dissesse: misture cimento com água. Foi isso que fiz. Foi, ao menos, algo que desejei fazer. Conversei com o Leandro de 19 anos que iniciava aulas de História num colégio estadual do interior do Rio Grande do Sul, não tendo concluído o curso superior ainda.

Necessariamente, é um livro subjetivo. Claro que todo texto tem um autor. Logo, tem um sujeito e é subjetivo. Mas este livro assume essa subjetividade como meta. Fala na primeira pessoa. Indica experiências pessoais. Evita notas no limite do possível. Escuda-se pouco atrás de bons pensadores da educação. Você per-

INTRODUÇÃO

correrá essas páginas sem encontrar os grandes nomes. Isso não é um ataque a eles, pelo contrário. Trata-se de um elogio: não posso dizer a mais do que disseram, apenas posso falar de outra coisa.

Aqui você descobrirá algo menos vasto, menos ambicioso, mais prático: como dar aula, como corrigir provas, o que seria necessário lembrar numa reunião com os pais. Sem buscar a autoridade, senão a da experiência. Assim, por consequência, outros colegas, com subjetividades distintas, darão opiniões distintas. A qualidade do livro pode ser seu defeito: o que deu certo na situação X, pode não ser o mesmo para a Y. O livro reconhece isso em muitas passagens.

Talvez você estranhe. Há passagens nas quais narro meus fracassos. Queria trazer isso. Primeiro, porque minha carreira é povoada de alguns fracassos e algumas vitórias. Segundo, para que possamos aprender com o que fiz de errado. Assim, ao menos, não transmito a você a sensação de que falo de uma torre de marfim linda e perfeita. Falo sobre o monte de pedras que formaram minha vida. Algumas que construí; outras que me atiraram.

O que eu desejei? Falar de forma coloquial, de igual para igual, horizontalmente, de modo direto e claro, com você, colega de profissão. Também, como quase sempre ocorre, desejei falar comigo e me ouvir e pensar se essas três décadas foram válidas e o que eu espero dos próximos anos. Foi uma conversa com outro e um fluxo de consciência comigo. Foi um diálogo de frente ao espelho com a honestidade máxima que pude pensar. É um farol misturado com espelho retrovisor.

Não acho a minha experiência a coisa mais marcante e rica do planeta. Dei aula para ensino médio e fundamental, para cursos públicos e privados, em vários lugares do país, graduação e pós-graduação, capacitação de professores e cursos livres. Tive, entre meus alunos, milionários e favelados. Utilizei livros de ponta da minha área de conhecimento e obras de divulgação as mais simples possíveis. Dei aulas particulares, aulas para pequenos grupos, para salas lotadas de mais de cem alunos na faculdade e públicos de cinco mil pessoas em ginásios. A única experiência que nunca tive, e sempre prestarei intensa homenagem, é a de alfabetizar alguém. Nunca ensinei alguém a segurar o lápis e fazer a curva da letra "a". Admiro muito esse trabalho, do fundo do coração. Olho para o alfabetizador como um xamã, um guru eterno na vida de todo mundo e confesso, meio que com vergonha, que tenho vontade de chorar quando vejo um professor alfabetizando alguém: ali está algo que vai mudar a vida daquele ser humano para todo sempre, e para muito melhor.

Como eu disse, tenho experiências variadas, mas há pessoas com muito mais conhecimentos e com vida mais longa. Apenas juntei um tipo de atividade específica com a tradição da reflexão e da escrita. Desse traço, nasceu este livro. Tenho vontade de que ele seja lido, debatido, contestado, superado. Tenho vontade de que ele assuma seu papel de tijolo e que, na estrutura do muro completo, faça sua parte sem alarde e sem pretensão de todo.

Talvez, os grandes professores de prática de ensino e metodologia ou didática deixem de indicá-lo. Ele não é uma obra teórica. Não invoca Piaget e não cita Paulo Freire. Não busca detalhes do pensamento de Vigotsky e não cita a Lei 5.692/71. Gostaria que fosse um daqueles livros que um aluno descobre um dia, lê, passa para os colegas da sala e começa a circular como uma obra semiclandestina. Esta, talvez, seja a pretensão *underground* do que escrevi. Ser o endereço "quente" que não consta no guia oficial. Ser um livro sobre o qual nunca se faz prova ou seminário, mas apenas que se lê e se gosta.

Quando imaginei a obra, achei que seria importante integrar outra experiência. A professora Rose Karnal, minha irmã, leciona há 32 anos. Ao contrário de mim, concentrou suas atividades no ensino fundamental. Sempre admirei a dedicação artesanal dela ao magistério. Muito mais regrada do que eu e com outro mundo de bagagem. Achei que a obra ganharia muito com sua contribuição e pedi que escrevesse um dos pontos delicados do mundo das salas de aula: a disciplina. Agradeço a ela por ter revisto todo o texto e aceitado escrever esse capítulo.

Ao final de cada capítulo, julguei ser importante recomendar um filme. É uma maneira de ampliar a visão e dialogar com universos de imagens tão fundamentais na cultura do nosso século. Veja se puder e dialogue. Filmes apresentam uma parte da experiência da vida, pelo que dizem e pelo que omitem. Foram todos filmes que me marcaram e há um comentário sobre eles.

Tudo tem seu tempo e sua hora. Era a minha hora de escrever este livro. Talvez seja a sua de lê-lo. Se as duas horas convergirem, terá sido algo muito bom. Leia de coração aberto, mas, como sempre, leia com senso crítico. Não trabalho com verdade revelada, mas não trabalho com ficção. A verdade revelada manda aceitar. A ficção literária estimula o deleite puro. Entre um e outro, está este livro. Ache este lugar.

A AULA-INTRODUÇÃO AO JOGO E SUAS REGRAS

Vai começar. Você estudou anos para isto. Preparou aquela aula. Leu e debateu autores que tratam do tema. Porém, nada no planeta pode substituir a experiência de enfrentar uma turma pela primeira vez. Uso o verbo enfrentar porque é esta a sensação: dezenas de olhos colocados sobre você. Um pouco mais de silêncio se for uma turma que não se conhece ou... muito barulho se for uma turma que se reencontra depois das férias. E, finalmente, cadernos e livros na mão, ei-lo entrando para o local privilegiado da sua profissão: a sala de aula.

A faculdade antecipa pouco essa experiência real. Onde eu enfio Piaget e Vigotsky quando vou fazer a chamada? Dúvidas banais substituem os grandes temas da psicopedagogia: coloco "P" ou "ponto" para a presença? E aqueles trabalhos imensos sobre a produção do conhecimento numa sociedade dependente periférica capitalista? Agora só ocorrem perguntas triviais e pouco nobres: é permitido rasurar o diário? Será que eu posso autorizar a ida ao banheiro daquele aluno que está de pé desde que eu entrei?

Na verdade, o banho realístico veio antes da sua solene entrada na turma. Começou na sala dos professores. Colegas deram conselhos práticos: "Não mostre os dentes no primeiro dia". Para quem não está acostumado a essa linguagem, significa não sorrir de imediato para não perder o controle da sala. Os mais experientes soltaram risadinhas: "Você vai ver aquela sétima B"! A advertência é quase uma praga ou, talvez, um desejo velado de que você fracasse. Disseram-me há uns 30 anos: "Deus inventou o conhecimento e o diabo, invejoso, criou o colega...". Na época, muito jovem, eu achava a frase amarga.

Aqui, um conselho prático: antes de entrar em sala, ouça os colegas, desde os muito interessantes até os indiferentes. Alguns querem ajudar. Outros não toleram sua juventude ou entusiasmo. Ouça a todos. Porém, nunca se esqueça: a fala do colega diz respeito, exclusivamente, à experiência dele e não à sua. O aluno-problema dele talvez seja apenas dele e a turma fácil talvez não flua tão bem com você.

Ouça sempre. A experiência tem valor, mas esteja atento a essa verdade pétrea que vale até para este livro: bons conselhos podem ser úteis, mas seu caminho será construído exclusivamente por você.

Passados quase 30 anos do primeiro momento que dei aula na vida, o impacto de entrar numa nova sala, com alunos novos, no primeiro dia de aula ainda me dá medo. Não é mais o medo de antes. Comecei a dar aulas no ensino fundamental e médio antes de me formar. Eu tinha pavor que meus alunos descobrissem que eu ainda não tinha diploma. Um pouco mais tarde, aos 23 anos, comecei a dar aulas na universidade e me vestia de forma a parecer mais velho. Eu tinha um dos medos mais ancestrais de um professor: perder o controle de uma turma. Definitivamente, o medo de parecer jovem demais desapareceu e foi quase substituído pelo receio oposto. Aqueles medos sumiram. Mas o friozinho na barriga continua. Continua o incômodo de não saber os nomes no começo.

Estabelecer uma relação semanal com 30, 40, 50 jovens pensando neles apenas como: o de vermelho, a menina de saia, o cabeludo (ou coisas até um pouco pejorativas...). Pior: se eu tiver 10 turmas de 50 (número comum), terei 500 seres humanos para saber o nome a cada ano, e ainda devo considerar que novos entram como se fosse uma cistite permanente pingando no meu diário.

Aqui, nossa função tem vantagens sobre outras. Uma primeira aula ruim tem efeitos menos visíveis do que uma primeira cirurgia ruim ou uma primeira ponte mal projetada. Porém, o sutil da função de professor é que a primeira cirurgia ruim ou pontes ruins podem ter relação com... aulas ruins. Quando pego um aluno em pleno doutorado que ainda não domina regras básicas do uso da crase, penso: há uns 10 ou 15 anos um professor errou e eu noto isso só agora.

Regressemos para a aula. Vamos imaginar uma aula típica, de uns 40 a 50 minutos. Você entra e aquela dúvida volta: devo ser simpático ou seco? Sorrir ou mostrar cara de autoridade séria? Meu irmão psicólogo usa uma metáfora que aprecio: a relação profissional guarda semelhanças com o salva-vidas. Se ele se aproxima muito do afogado e o abraça fraternalmente, ambos afundam. Se ele fica muito distante, a vítima cumpre sua sina de afogar-se sem ajuda. É inútil fingir uma dureza que você não tem ou que nem quer ter. É perigoso usar de muita intimidade. A aula é um momento profissional e você não é amigo dos alunos. Amizade implica *isonomia*, igualdade, algo inexistente na sala de aula. Pelo mesmo motivo que você não é amigo, você não é o inimigo, pois amizade e inimizade implicam relações pessoais, frequentemente íntimas. Repita para si sempre: sou o professor (porque, em muitas ocasiões, alunos, direção e pais tentarão convencê-lo de outras coisas).

Já demos o primeiro passo. No início, talvez seja importante pensar nesse equilíbrio entre a familiaridade e a distância. Com o tempo, isso deveria tornar-se mais natural. Há variantes também de cultura para cultura e de escola para escola. É mais fácil ser próximo quando o aluno é adulto numa universidade e escolheu aquele curso.

Mas... devo ser sincero. Não é fácil começar. É como aprender a andar de bicicleta: há um momento que tiram as rodinhas auxiliares ou a pessoa que nos apoiava desaparece e estamos sozinhos. É o medo do goleiro na hora do pênalti. É o medo de todo profissional: estou diante do que quero, mas não tenho certeza de como fazer o que quero. Ansiedade natural e universal, mas intensa.

Chegou o dia: a aula começou e seus alunos sabem por instinto, como feras selvagens, se a pessoa a sua frente está segura ou não, farão uso disso. Distancie-se um pouco e deixe diminuir a importância da situação. Aquela aula não decidirá o destino do universo e, com sorte, a cada semana ela será um pouco melhor ou mais segura ao menos. Enfrente. Não tem jeito. A vítima inicial será seu orgulho, mas o mundo prosseguirá. Respire fundo e entre. É como injeção: a espera pela picada da agulha costuma causar mais angústia do que a espetada em si.

A AULA

Do ponto de vista prático, uma boa aula é um cruzamento de quatro linhas de força. A primeira diz respeito a você. A segunda é o conteúdo em si. A terceira está nas condições externas (ambiente, barulho externo, iluminação, calor, conforto da sala etc.). A quarta e mais importante diz respeito aos alunos.

Primeira linha: você

Digamos o óbvio: você é, como todo ser humano, um elemento variável. Há dias bons e ruins. Há biorritmos: tenho colegas que adoram dar aula à noite e eu amo sempre dar aula no primeiro momento da manhã. Há problemas pessoais que interferem na sua atuação profissional. Com o tempo, você perceberá que há infecções específicas do magistério, como a "outubrite", mal que acomete educadores quando o ano está no fim. Não tem jeito. Não somos robôs. Tenha sempre presente: você varia muito e seu aluno ainda mais. Entenda um pouco esse ritmo. Mas há um recurso para enfrentar essas oscilações. Antes de começar a jornada de trabalho pense: como estou hoje? Estou bem? Ótimo. Estou ansioso ou angustiado com a conta de luz que não consegui pagar? Tente afastar esse pensamento de forma prática: *depois* da aula, eu verei isso. Estou com um pouco de dor de cabeça? Posso resolver uma indisposição com algum remédio? Essas perguntas são importantes porque a consciência de um mal-estar ou de uma aflição costuma diminuir o controle que essa angústia tem sobre mim. Aprenda a se conhecer. O sintoma mais normal (e ruim) de quem não se conhece bem é a reação excessiva a coisas pequenas. Um aluno não abriu o livro na página certa e você teve vontade de matá-lo? Isso é um sintoma. É muito sábio ter um pouco de consciência sobre seu estado de ânimo para ser, no mínimo, justo com os alunos e, no máximo, eficiente como profissional.

Segunda linha: conteúdo

A segunda linha de força é o conteúdo em si. Existem programas, livros, apostilas, coordenadores, vestibulares e muitas variáveis que nos fazem, permanentemente, parecer atrasados com o conteúdo. Não importa o quanto você corra: na última etapa, com frequência a mais interessante, você está defasado. Para piorar: tudo e todos retardam o avanço do conteúdo. Avisos da direção, indisciplina, feriados e um mundo infinito de coisas que acontecem na sua aula e que impedem de falar ou de ensinar.

Planeje a quantidade de conteúdo que permita uma aula produtiva. Dar demais ou de menos atrapalha o ritmo dos alunos. Se sua aula tem 45 minutos, digamos, pense que quase 15 (geralmente mais) serão perdidos nos bueiros da chamada, indisciplina, avisos, mãos que se levantam para ir ao banheiro etc. Então, imaginando que todo conteúdo deve fazer *link* com o que você deu na aula anterior naquela turma (lembre-se de que o aluno acabou de sair de uma aula sobre Tabela Periódica e está entrando numa sobre Império Bizantino), que este *link* demore uns cinco minutos e que você precisa reservar uns cinco minutos para fechar o conteúdo retomando conceitos centrais e reforçando o que foi dado restam... vinte minutos de aula. Evite começar lento e começar a correr quando o tempo se esgota. A técnica não pode ser superior ao conteúdo: você não pode passar mais tempo escrevendo do que explicando, mais tempo montando data-show do que analisando e mais tempo removendo cadeiras para um debate do que realizando o evento.

Terceira linha: condições externas

A terceira linha de força de uma aula diz respeito ao ambiente. Pode parecer muito estranho para quem começa, mas o ambiente da aula funciona como um cenário de uma peça: não é central, mas reforça o texto e cria "clima". Assim, tente observar se o cenário é adequado. Há coisas que você pode fazer e outras estão longe do seu alcance. Você pode e deve estabelecer alguns minutos para colocar ordem antes da aula. Lixo pelo chão ou cadeiras amontoadas podem ser resolvidas. Não dê aula com o quadro cheio com a matéria do outro professor. Explique sempre aos alunos a importância de preparar o ambiente. Se necessário, dê o exemplo pegando um papel do chão, mesmo que pareça o lógico: não é sua função. Mas, você aprenderá logo, se ficar esperando que surja a pessoa adequada para fazer isso, sua aula esperará até a próxima era geológica.

Nunca caia na tentação de começar a falar baixo em meio ao caos e à sujeira para ver se eles prestam atenção. Não passe nunca a sensação de que tanto faz se eles ouvem ou não, ou se tanto faz se a aula for eficiente ou não. Ou a aula é ou ela não é. É melhor não dar uma aula do que aceitar o papel de monólogo patético.

Sobre o ambiente, você aprenderá logo algumas coisas estranhas. Por exemplo: se começar a chover lá fora, a aula será interrompida. Todos os seus jovens alunos ficarão olhando para a chuva na janela ou no telhado e deixarão de prestar atenção. Dias de verão em salas quentes são um desafio além da capacidade humana. Outra coisa: as obras na escola sempre iniciarão no primeiro dia de aula, com barulho constante. Avisos da direção somente serão dados quando você tiver, enfim, acalmado a turma. Quando houver um minuto de silêncio na sala alguém entrará para falar da festa de São João ou sobre um recente vandalismo no banheiro do segundo andar. Enfim, é fundamental tentar.

No mundo perfeito, a sala é confortável, com temperatura agradável, os aparelhos estão à disposição e funcionam, ninguém precisa ir ao banheiro a cada cinco minutos e os alunos te esperam com sorriso no rosto e sede de saber. Esse é o seu paraíso? É o meu também. Se você o deseja e luta por ele, você tem boa chance de ser um bom professor. Se você só pode trabalhar nesse paraíso e considera impossível ou indigno enfrentar outros purgatórios ou infernos, então... Tente outra coisa no mundo. Dar aula é muito interessante, mas não é a única função digna no mundo.

Quarta linha: o aluno

A última linha de força de uma aula é o aluno. É a linha mais importante. O aluno é para o professor o que o paciente é para o médico. É o objetivo da sua existência profissional. Há uma inversão tradicional da função pedagógica: considerar o aluno um problema para a escola. O comportamento do aluno pode ser um problema: ele não é um problema. Voltamos à metáfora médica: a doença é o problema, o doente não é.

Estamos diante de um dos dilemas mais curiosos do ensino: você pode combater o mau comportamento, mas sempre lembrando que o aluno é o seu objetivo maior. Separar essas coisas é difícil e, como eu, provavelmente você vai errar nesse campo.

Os cristãos medievais tinham uma regra que podemos adaptar com sucesso: odiar o pecado e amar o pecador. Sabe a consequência disso? Se entendermos a ideia bem, significaria deixar claro que eu não admito a bagunça porque ela é inimiga do aluno e não exatamente minha. É por gostar dele que eu não quero conversa e não por irritabilidade minha. Do ponto de vista ideal, que o aluno sinta que nunca é pessoal, que ele não é o problema, que eu posso até pedir que ele se retire da sala, mas porque, e unicamente, ele está impedindo a ele e à turma de atingirem o resultado. É preciso muita maturidade para isso. Quase ninguém tem. Eu não tive muitas vezes.

Acho que a coisa mais óbvia de todas eu levei muitos anos para entender. Existem fichas de avaliação, padrões, tabelas e até notas para se dar ao professor. A mais importante sempre esteve bem diante de mim: o olhar dos alunos. Eles dizem, com absoluta naturalidade, sobre o andamento de tudo. Aprenda a ver o rosto dos seus alunos e a entender. Aprender a ler seus olhos. Os olhos dos seus alunos são o espelho da Branca de Neve: dizem tudo o que você perguntar. "Não estamos entendendo, não tenho interesse, estou adorando, você fala alto demais, não estou ouvindo": tudo está lá. Passei muitos anos achando que eu deveria falar mais e agir mais. Hoje acho que devo ver e ouvir mais.

Há poucos bons professores. Há muita gente que dá aula bem. Acho que o ponto principal que diferencia um do outro é a capacidade de olhar para seu aluno e se sentir junto com ele. Não confundam essa reflexão, por favor, com a ideia de que você deve oscilar tudo que faz em função do olhar de agrado e desagrado do aluno. Aqui vem a parte mais importante (e difícil): conhecer o olhar do meu aluno é conhecer meu ponto de partida, não meu objetivo final. Educar pode ser (e com frequência é) *contrariar* a vontade imediata do aluno. O olhar dele, a sensibilidade para com ele é seu ponto de partida. É quem diz quanta energia, quanta imaginação, quantos recursos você terá de realizar para que o olhar dele chegue ao ponto que você deseja. O olhar dele não é seu horizonte, mas sua possibilidade.

AULA E TEATRO

Quase todos os professores dão a mesma aula muitas vezes. Em algumas escolas públicas e privadas, há muitas salas da mesma série. Um professor de baixa carga horária pode, por exemplo, entrar em dez salas da mesma série numa semana. Isso significa repetir o mesmo conteúdo muitas vezes. Você notará que a primeira aula de um conteúdo novo é um teste, uma experiência. Na segunda você vai acelerar tal coisa ou explicar melhor o que despertou muitos problemas na aula inaugural. É um aperfeiçoamento. A terceira aula de um mesmo conteúdo é, em geral, a melhor. É o apogeu. Você já saberá até qual piadinha funciona. Mas poderá existir a quarta, a quinta, a sexta. Você perceberá que a aula vai ficando mais curta e mais rápida. É o declínio.

É o problema de todo ator que deve encenar a mesma peça diversas vezes. Quando eu cheguei a São Paulo para fazer pós-graduação, fui ver uma comédia de grande sucesso na época. O texto era leve e divertido e os dois atores trocavam muitas vezes de roupa no palco. Talentosos e com *timing* de humoristas profissionais, eles eram tão bons, que por vezes, interrompiam o texto para rirem de si mesmos, não aguentando os trejeitos um do outro. Achei aquilo o máximo: tudo era tão divertido que mesmo os atores paravam para rir.

Passados alguns dias, recebi visita e levei meus convidados para verem a peça. Eu também queria rever. Lá estava tudo de novo: o bom texto, o talento dos atores, a risada fácil. O que me espantou era que eles paravam para rir nos mesmos lugares da primeira vez. O riso, tão natural e quase inesperado que interrompia o texto, era o mesmo da primeira vez e nos mesmos lugares. O que tinha me encantado pelo tom espontâneo, era pensado, marcado e repetido à exaustão.

Os atores sabem que devem pensar nessas coisas e que há pouco espaço para o improviso no teatro profissional. A aula não é um teatro, mas, certamente, ser professor tem algo em comum com ser ator. Estamos diante de uma plateia. Temos algo a dizer e o público espera que o façamos. Devemos seduzir, encantar, realizar. O texto tem momentos mais rápidos e mais lentos.

Os atores sabem que, quando há duas sessões, o público das 21h não quer saber se já houve tudo aquilo às 19h. Quem veio ver às 21h quer a experiência total e profunda e não deseja perguntar se as pessoas que encenam estão cansadas ou não. O aluno da terceira vez também não.

Atores profissionais sabem guardar a voz. A voz humana é relaxante, quase sempre. Ouvir alguém induz ao sono. Se esta voz for contínua e no mesmo tom o tempo todo, funciona como um processo de hipnose. O que fazer?

Fale mais alto e mais baixo de acordo com o que você quer demonstrar. Reforce conceitos centrais ou conclusões com voz mais forte e mais pausada. Treine isso em casa algumas vezes. Levante-se e ande em direção aos vários pontos da sala. Movimente o corpo. Caminhe até os grupos que pareçam mais dispersos, sonolentos ou conversando. Faça pausas dramáticas. Um súbito silêncio pode chamar a atenção de alguns alunos. Aprenda a gesticular. Nunca deixe parecer que está numa sala de ginástica, mas jamais transmita o ritmo de um cortejo fúnebre.

Seria irritante para a plateia se os atores demonstrassem que não sabem o texto. Para subir ao palco, eles decoraram coisas por meses. Uma boa aula deve ser preparada. Esqueça aquelas bobagens de longos planos de aula com objetivos, meios, recursos etc., que ensinam em tantos lugares. Você não conseguirá manter esses planos detalhados ao longo dos meses. Pior, não conseguindo mais fazer de forma "arrumadinha" seu plano, a tendência será parar de fazer qualquer planejamento. É um erro fatal.

O QUE DEVE SER PREPARADO NA PRÁTICA

O primeiro ponto: qual o conceito central da minha aula que deve ser enfatizado sempre e retomado ao final? Tenha isso sempre claro. Escreva ou guarde de memória. Vou precisar de alguma informação extra, ou um pequeno texto, ou fórmula ou desenho? Faça em casa antes. Anote no diário a lápis ou no seu controle pessoal o ponto em que parou em cada turma. Evite ao máximo perguntar aos alunos: onde nós paramos? Isso pode parecer desleixo ou desatenção. O plano da sua aula deve estar entre dois mundos: o fossilizado e o invertebrado. Se for um roteiro minucioso e passo a passo, parecerá sempre fossilizado e duro.

Se nada houver e você confiar no carisma, aquele dom que falha quando mais necessitamos, ficará desarticulado. Tenha o conceito central na cabeça. Leve o material que precisar. Leia antes da aula o capítulo didático que você vai utilizar (creia-me, as surpresas podem ser enormes se você não o fizer). E em tudo mais: que o aluno sinta que você tem um ponto de partida e um de chegada e que a aula não foi um acidente, mas uma obra planejada. Isso fará toda a diferença.

Agora, um ponto que parecerá estranho a muitos. Tal como no teatro, há figurino. Há um figurino adequado para a aula. No caso do magistério, eu diria que (levando em conta também o que ganhamos) que o simples e sóbrio é adequado. O ideal é que a roupa do professor seja imperceptível. Nem tão sofisticada e nem tão despojada que mereça comentário. O espaço da aula não é o espaço da balada e certamente não é o espaço para ficar inteiramente à vontade. Levando em conta o grupo para o qual você dá aula, levando em conta sua faixa etária, levando em conta seu corpo e seus valores: encontre uma roupa adequada para que o conhecimento possa fluir na sala sem nenhum obstáculo ou distração. Roupa não é fundamental para o exercício do magistério: cuide para que ela continue assim.

EU FIZ TUDO, MAS...

Você cuidou de tudo. Planejou, acalmou-se, estudou. A aula é sobre algo fascinante. Eis que... não deu certo. Os alunos não gostaram, o conteúdo não avançou e você terminou o dia pensando se ser professor é de fato o que você deseja. Saiba: isso é bem mais comum do que você imagina. Algumas aulas produzem um efeito positivo imenso. Outras são um desastre. A maioria é, apenas, média. Tudo afeta uma turma, especialmente de crianças e jovens, da umidade ao dia da semana, da véspera do feriado a um jogo importante. Prepare-se para muitos banhos de água fria na sua profissão. Aprenda a lidar com eles.

Uma aula brilhante ou uma aula fracassada devem ser analisadas. Há motivos para isso. Quanto mais você conseguir (e você poderia até pedir ajuda nesse processo aos alunos) avaliar, mais terá consciência. Saber que uma coisa não deu certo num ano não é rejeitá-la. Não existem fórmulas, já dissemos. A química de uma aula é delicada como num encontro a dois. Porém, se você fizer análises sinceras, terá uma base maior para o futuro. Seja honesto consigo, mas seja misericordioso também. No fundo uma aula é sempre um buraco-negro: sabemos o que é e o que fazer para ir lá, mas não temos a menor ideia do que vai sair do outro lado. Foi uma maravilha? Parabéns. Tente repetir. Foi um fracasso? Bem, pelo menos você não está sozinho. Todos nós, com 2 meses ou com 40 anos de magistério, fracassamos muitas vezes. Aquilo que não nos mata, como queria Nietzsche, vai nos fortalecendo.

Aula é assim: um exercício artesanal. Não há nada que garanta com segurança absoluta o sucesso de uma aula. Mas, pouco a pouco, errando bastante e sempre tentando acertar, decepcionando-se e reentrando no jogo é que você vai construindo sua história de professor. Essa história será tecida a partir de um jogo acidentado de erros e acertos. E no final? Não sei! Ainda não cheguei nele, mas se você está lendo isto é porque, de alguma forma, nós acreditamos num bom final.

★ ★ ★

FILME
Falando grego (My life in ruins). Direção de Donald Petrie. EUA, 2009.

Esta comédia ligeira não trata de professores ou de sala de aula. Mia Vardalos faz o papel de uma norte-americana descendente de gregos e que serve como guia turística na Grécia. Seu nome é Georgia. Seu grupo é formado de pessoas variadas que, como ela, vão descobrindo coisas sobre a vida ao longo da jornada turística. A personagem enfrenta os problemas cotidianos, que vão do ônibus sem ar-condicionado à concorrência com um guia falastrão e sedutor. O problema principal, e que nos toca aqui, é que ela tenta passar sólidas e boas informações históricas sobre a Grécia e, quase sempre, mesmo em meio às paisagens de tirar o fôlego da península balcânica, a reação do seu público é a pior possível. Estando diante da beleza das ruínas de Delos e cercados pela magia do lugar onde os gregos intentaram sondar o futuro. Porém, como se fossem adolescentes, seus "guiados" só querem saber de compras e sorvete. No final do filme, ela aprendeu muito com seus alunos e a narrativa nos encaminha para o ápice: subir para a Acrópole em Atenas e contemplar o Parthenon, a peça máxima da arquitetura clássica. Georgia começa o diálogo com informações acadêmicas de datas e nomes. Há um suspiro de tédio. Ela percebe. Além do calor, o grupo está preocupado com o estado de saúde de um deles, que estava num hospital. Então vem a iluminação, a epifania. Ela deixa de lado a informação organizada prevista e passa a dizer a eles o que ela amava naquele espaço. Georgia pede que eles ouçam o vento soprando nas colunas do Parthenon e relembra que aquele vento havia soprado ali desde que os gregos começaram a construir tantos valores, como Filosofia e Democracia. Aquele mesmo vento fazia parte da aventura humana e, em vez de pensar, ela pede que eles sintam e ouçam o Parthenon. Eles conseguem e se admiram. A cena dura pouco (estamos num filme de diversão). Pela primeira vez, a aula dela funciona, pois, pela primeira vez, ela de fato dialogou com eles. Depois de muitos fracassos, a aula tinha funcionado.

AS PEDRAS
DA NOSSA ESTRADA

Quase todos os filmes que tratam da sala de aula e de ser professor mostram dificuldades e a superação delas. Depois de um período de provações, o nosso "herói-professor" acha o caminho e há um final apoteótico. São filmes bonitos e por isso eu os incluí nesse livro. Despertam reflexões boas. Mas eu gostaria de sair dessa narrativa linear.

De tudo que sempre me irritou em minha profissão, há uma coisa que me faz ranger os dentes só de lembrar. Estamos numa reunião pedagógica e, narrando os dramas com uma determinada turma, expondo nossa alma para o grupo, levanta-se uma coordenadora, um diretor ou alguém assim e diz: "Você precisa tornar a aula mais dinâmica, e assim os alunos prestarão mais atenção". Tenho vontade de pular no pescoço deste ser. Sim, acredito que minha aula sempre possa ser melhor e acredito que possa ser mais dinâmica. Acredito nisso, mas dito dessa forma parece que tenho bons alunos e ardentes pelo conhecimento na minha sala e que o problema está *só* comigo. Pior: aquele que está falando, provavelmente, não duraria cinco minutos naquela turma problemática. Tenho de ouvir conselhos de quem não dá aula e que, se desse, não conseguiria as coisas que consigo.

Preciso dizer de forma clara: não acredito em reflexão sobre sala de aula vinda de pessoas que nunca nela estiveram como professores. Para mim, essas pessoas são como modelos jovens de 18 anos fazendo propaganda de produto contra rugas na televisão. Falam do que não sabem, do que não precisam e do que não entendem.

Vou tratar, neste capítulo, de pequenos fracassos pessoais. Ao contrário dos filmes, eles nem sempre terminam em explosões de alegria e êxito. Ao contrário dos colegas de reuniões, não apresentam um modelo sólido e uma receita do que fazer. Pelo contrário, mostram erros, decisões equivocadas, meus tropeços pelo caminho e minha vontade de não repeti-los.

Qual o meu objetivo? Queria compartilhar com todos que lerem este livro a seguinte ideia: não escrevo porque eu sou um grande professor. Estou escrevendo porque errei muito e continuo errando. Escrevo porque não tenho a fórmula e porque muitos dos meus alunos, vítimas dos meus erros, ficariam muito espantados em saber que estou escrevendo um livro destinado a jovens professores. Eles interpretariam isso como o general Pinochet refletindo sobre a Democracia ou Stalin falando de liberdade de expressão.

ERRO 1: QUEM É ADULTO NESTA SALA?

Amanhecer de um dia normal de aula. Atacado por furiosa conjuntivite, coloco óculos escuros e encaro a turma. É ruim dar aulas com a sensação de areia nos olhos, mas é ainda pior com a garganta doendo numa inflamação, eu me consolo.

Mal entro na sala e chamo atenção, é claro, pelos óculos escuros naquela hora ainda nublada do amanhecer. Um aluno do fundo (sempre no fundo...) fala em voz bem alta: –"Foi boa a noitada, professor"? Eu respondo com a mesma rapidez: –"Sua mãe não reclamou".

A turma faz um "ohhh" geral. O gaiato fica vermelho. Fui enfrentado com ironia naquela hora. Respondi com energia e violência ainda maiores. O aluno fica em silêncio. Ambos nos enfrentamos antes do bom-dia e, aparentemente, eu venci. Isso faz quase 20 anos.

Passado esse tempo, sempre refleti sobre esse pequeno incidente e sobre minha resposta que circulou pelos corredores como lenda urbana por anos. Por algum tempo, eu me orgulhei da rapidez do meu raciocínio e do não intimidamento diante de uma afronta pessoal. Pensava com meus botões: "Coloquei fulano no seu lugar."

Incidente pequeno, mas queria refletir para pensar sobre o que fiz. Lido com jovens em fase de formação. Muitos deles estão descobrindo coisas estruturais. Diante de uma frase cortante que desloca meu problema de conjuntivite para uma vida boêmia que nunca tive, irrito-me e respondo na mesma chave e tom.

Olhando a distância, penso que fui um completo babaca. Fui imaturo. Primeiro porque, de fato, calei o suposto agressor com um contragolpe. Mas, ele não era meu agressor. Não era pessoal. Não sou o alvo dele. Não era contra mim, de fato. Tomar frases e gestos de alunos como pessoais é um erro grave. O tom *blasé* de tantos jovens ou a agressividade não nasceu quando eles me conheceram e não vai se encerrar comigo. Como um xingamento de trânsito, não é dirigido especificamente a mim, mas a tudo. Seria como o juiz que ouve da torcida um comentário sobre a sua mãe e supor que a torcida examinou a ele, juiz fulano de tal, e a sua progenitora, e deduziu que, dadas as circunstâncias do comportamento moral da dita mãe, ele, juiz, seria um filho da p... Bem, nunca ocorre isso. A torcida que assim grita nem conhece a suposta senhora. Meu aluno também não me conhece. Tento colocar isso na cabeça. Não é pessoal.

O segundo ponto é mais grave para um professor. Diante de um suposto ataque, meu contra-ataque calou o agressor. A que preço? Alto demais: este aluno terá medo de fazer perguntas públicas no futuro. Pior, a turma toda passou a temer minhas respostas ácidas e cortantes. Salvei minha "dignidade" ao preço do sacrifício do principal: o ambiente tranquilo e de confiança no qual podem fluir perguntas e questionamentos de uma turma. Definir quem é *macho alfa* funciona num bando de mamíferos selvagens. Numa sala de aula não.

Por fim e mais importante: quando um aluno joga uma coisa dessas em público, há uma pergunta implícita. Quem aqui é o adolescente e quem é o adulto? Quando respondo da maneira como eu respondi, estou dizendo com clareza: ambos somos adolescentes, nenhum de nós amadureceu. No caso de alguém da idade dele, natural; no meu caso, um equívoco.

Se eu tivesse sido sábio e tido essa reflexão antes de tudo, imagino a seguinte cena alternativa que nunca ocorreu:

"– Foi boa a noitada, professor?" Eu, então, calmamente, tiraria os óculos, mostraria os olhos inchados e vermelhos e comentaria sobre os problemas da conjuntivite e como se deveria fazer para evitá-la. Seria uma resposta de adulto a uma provocação de adolescente. Eu não seria citado anos a fio nos corredores como alguém de raciocínio rápido e venenoso. Não teria tido o prazer de humilhar um jovem. Melhor ainda: alguns perceberiam que, se mesmo estando doente, eu tinha ido dar aulas, é porque valorizo muito o espaço do aprendizado. Seria uma lição de vida e educativa. Arranharia meu narciso e meu orgulho e, exatamente por isso, eu teria sido melhor professor.

ERRO 2: AGORA VOCÊS VÃO VER...

Em São Paulo, dei aula numa escola de ensino médio que tinha algumas dificuldades. Uma delas era estar começando e formada, por consequência, por dezenas de alunos com origens distintas. Era um espaço desafiador, mas muito difícil.

O começo de tudo lá foi um caos. Não havia filosofia ou linha clara de ação e todos pareciam muito perdidos. A liberdade concedida aos alunos era digerida com leituras muito diversas, muitas ruins.

Após dois meses de luta intensa com tudo, inclusive a disciplina, chegamos ao período das provas bimestrais. Elaborei provas particularmente difíceis. Estava claro para mim que eu queria mostrar um padrão alto e chamar a atenção deles para a seriedade do trabalho. O resultado era a "crônica de uma morte anunciada". A prova foi um desastre quanto aos resultados.

Consegui o que queria. Chamei a atenção. Imediatamente, após alguma revolta, eu tinha muito mais atenção dos alunos do que antes. Eu era um professor de quem era preciso assistir a todas as aulas. O respeito tinha sido estabelecido.

Nunca duvidei de que as provas devem ser as mais pensadas possíveis. Temos um capítulo inteiro neste livro sobre avaliações. Mas, olhando aquela primeira prova bimestral naquela escola, percebi que ao lado do respeito estava meu ego. Meu objetivo não era, de forma líquida e clara, o aprendizado ou sua medida. Meu objetivo estava em mim. Nessa e em tantas ocasiões, percebi que eu tinha agido mal porque não tinha mirado no meu objeto.

Ao contrário de alguns colegas, nunca fui de ameaçar alunos. Minha ameaça existia, mas não era enunciada dessa forma. Era colocada devolvendo as provas bem corrigidas, cheias de observações. O trabalho era sério, muito sério. Mas suponho, cada vez mais, que era um trabalho de me valorizar.

Eu entrava tenso em dia de prova. Separava bem todos os alunos, elaborava muitos modelos de provas. Tornava todos semelhantes. Dezenas de alunos colaram de provas erradas comigo a vida inteira. Andava pela sala e dava viradas rápidas. Ficava atrás deles esperando se algum me buscava com olhar, sinal claro de intenção criminal... Dentro de mim a ideia: agora vocês vão ver...

Somos seres portadores de uma habilidade terrível. Raramente enunciamos nossos medos e maldades sem revesti-los de uma cândida camada de boas intenções. Nossa tradição moral e religiosa causa estranhamento com ações claramente egoístas. Preferimos dizer: "Eu vou denunciar isto, mas é pelo bem desta pessoa." Travestimos covardias com elaborações morais belíssimas.

A questão mais difícil para trabalhar como professor já estava enunciada antes, no problema nº 1. Meu *eu* fala mais alto do que qualquer outra coisa. O exercício do professor, do médico, do psicólogo é sempre estar sensível ao outro e não a si. Não é algo superficial nem um detalhe.

Gandhi dizia que só as formas pacíficas elaboram coisas duradouras. Significa que a violência pode, perfeitamente, construir coisas. Aliás, suponho até que as formas violentas construam de modo mais rápido do que qualquer outro recurso. Mas não é duradouro.

O dia da prova é um dia de tensão. Tudo que estiver ao meu alcance deve ser feito para diminuir essa tensão. Não se trata de pedagogia do coitadinho. Não estou defendendo que nunca devemos provocar nenhuma tensão ou que os alunos ficam traumatizados por qualquer coisa. Defendo que o ambiente seja o mais tranquilo possível para que cada aluno possa colocar a maior quantidade de informações e processos mentais que ele acumulou. Defendo a tranquilidade para que eu possa dar zero ou dez, sabendo que o zero ou o dez correspondem, dentro do possível, ao que meu aluno aprendeu, e não a sua pane na hora da prova.

Volto ao nosso hábito de dourar a pílula. Haverá colegas que dirão: é preciso treinar o aluno para a tensão da vida e a prova é parte dessa tensão. Fazem o que eu sempre fiz: disfarçam algo que mira em outro vetor.

Muito curioso o magistério. Se um médico consegue curar todos os pacientes de um hospital e todos retornam a suas casas com saúde integral, ele é saudado como um gênio habilidoso e louvado universalmente. Se eu consegui dar nota máxima ou alta a todos os meus alunos porque genuinamente aprenderam, eu, os colegas e todo o sistema vamos desconfiar de que há algo errado.

Aqui se revela o *eu*. Nosso *eu* é forte ao dar aula. As provas fazem parte desse processo. Não acho que a avaliação deva ser um exercício lúdico sempre. Mas, se a injeção já é ardida por natureza, enfiá-la de uma só vez e aos gritos de que será terrível não melhora em nada a eficácia do medicamento, pelo contrário.

Percebo, hoje, que se aposta numa natureza essencialmente má do ser humano. Apostando numa "natureza má", acreditamos que ele só fará coisas quando for coagido. Estas são dúvidas clássicas dos professores: Por que eles estudarão? Porque a prova é difícil. Por que eles ficarão em silêncio? Porque eles sabem que tudo o que eu disser é importante para a avaliação. Os meios são errados e o fim também. Mas a força é mais rápida que a sedução.

Quando jovens – já disse e direi de novo – ensinamos mais do que sabemos e queremos ser importantes para nossos alunos. Quando mais velhos, por vezes, ensinamos menos do que sabemos e deixamos de querer ser importantes. Nos dois casos, o *eu* do professor é o objetivo de tudo: querendo atenção ou sendo indiferente a ela.

ERRO 3: DECIFRA-ME OU TE DEVORO

Ao contrário dos dois anteriores, este não é um erro específico, mas algo diluído em muitas atitudes. O professor é uma autoridade em muitos sentidos. Para alguns de nossos alunos, provavelmente, somos os adultos com quem eles mais convivem. Percebo que há poucos lares onde filhos e pais conversam com frequência. Logo, por mais indiferente que um jovem seja com a escola, somos uma referência.

Por que destaco isso? O rosto do professor e sua linguagem corporal indireta são mais observados pelos alunos do que a fala em si. Exemplo de erro que eu já cometi muitas vezes. Ao fazer a chamada no primeiro dia, deparo-me com um daqueles nomes, digamos, exóticos. Os pais combinam sílabas de outros nomes ou grafam de um jeito original. Muitas vezes, fui ler um nome desses em sala, fiz uma careta e exclamei algo como: "Nossa!" Era uma sincera estranheza diante do inusitado. Mas esse inusitado era o nome de alguém, sendo lido alto por mim diante de quarenta colegas. Momento delicadíssimo. Só minha careta já era uma condenação absoluta. Fui, aos poucos, aprendendo que ler o nome de alguém, pela primeira vez, é um ato delicado. Passei a pedir antes que me corrigissem. Falo agora que o problema sou eu, que enxergo mal. Tento diminuir esse possível impacto negativo, especialmente se for o primeiro. Se a aluna anuncia que o nome dela é proparoxítono (bem, ela não dirá assim), coloco acento a lápis no diário.

Exemplo menor: tive um aluno italiano. Ele se chamava Michelle, nome que deve ser pronunciado com som de K no Ch e é masculino como Andrea na Itália. Ele me corrigiu o erro de pronunciar como no Brasil, Michelle com som de X no Ch. Eu, que não falo italiano, quando ele me corrigiu, fiz cara de estranhamento e disse: "Você tem certeza de que é nome de homem?" Bem, a turma, é claro, caiu em cima dele. De novo, o narcisismo. Eu, simplesmente, deveria agradecer a correção e reconhecer que eu tinha uma limitação: não sabia (e não sei) falar italiano. Minha intenção não era ironizá-lo (ao contrário da primeira história), mas foi o que eu consegui.

Essas cenas são abundantes. Tenho um defeito grave para quem dá aula: sou impaciente. Acho que tudo, do trânsito à fala das pessoas, é muito lento e enrolado. Um aluno começa a fazer a pergunta: "eu queria perguntar, não sei se está certo, mas eu queira saber, hum... hã.... é... se eu poderia dizer que, tal coisa poderia ser dita assim hã...". Não recrimino nem deixo de responder a nenhuma pergunta. Mas meu rosto me trai. Meus olhos fuzilam. Minha respiração muda. Fico querendo que aquela fala enrolada termine logo e ele faça a pergunta clara e objetiva.

O tempo da pergunta é dado pelo perguntador. Se for longa demais ou com coisas demais, posso e devo me oferecer para responder após a aula ou em outra ocasião para não atrapalhar o andamento. Sempre com um sorriso. O que eu imagino que seja enrolação, é um processo que pode ser duplo: meu aluno está elaborando mentalmente o caminho da dúvida e está enfrentando o som da sua voz em público, sob o olhar fuzilante de toda a classe. De alguma forma, certas vezes, ao lançar meu olhar de desespero com a lentidão dele, eu fico ao lado da sala no seu julgamento e reforço, sem nada dizer, que aquele indivíduo é lento ou atrapalhado.

É uma estratégia de sociabilidade perversa que a maioria dos grupos tem. Para formar coesão grupal ou conseguir o apoio do grupo, elejo os alvos da minha ironia e do meu veneno. Quando um colega ataca outro de comportamento alternativo ou com uma estética que foge ao padrão usual, está tentando, via maldade, ser aceito pelos demais. Meu olhar de professor, querendo ou não, pode ajudar muito a dissolver essa maldade que abunda em tantos grupos sociais e na sala de aula, ou pode reforçar com comentários, gestos ou olhares.

Sim, ser um bom professor significa até tentar controlar seu olhar ou outros indicativos de desagrado não verbais. E se eu não conseguir? Bem: aprendi que quando erramos por pensamentos, palavras, atos ou omissões, e ferimos um aluno de forma culposa ou dolosa, só tem um jeito: pedir desculpas sinceras, conversar com esse aluno e indicar que você luta, mas que é humano também. Não tem jeito. Faz parte da dinâmica das relações humanas. Mas se você foi o responsável pela sujeira, limpe você mesmo e siga adiante com mais cuidado naquele ponto. Pelo menos, tente não errar da mesma forma no mesmo lugar e com a mesma pessoa. Isso já é um passo no caminho da maturidade.

ERRO 4: SOU UM PROFESSOR, NÃO UM ALUNO MAIS ADIANTADO

É difícil explicar este erro. Só percebi num outro campo: o da academia de ginástica. Alguns instrutores, vendo que determinados alunos tinham dificuldade com pesos maiores ou exercícios mais complexos, iam lá e faziam aquilo com facilidade para mostrar como era simples. Percebi que se comportavam como alunos mais adiantados e não como professores. *Qual a diferença?*

Os alunos competem entre si porque estão próximos. O que consegue resolver um problema, tripudia sobre o que não consegue. Aquele que corre mais na Educação Física ou aquele que acha mais rapidamente a solução de um problema químico lança olhares vitoriosos para os colegas. Isso faz parte do jogo.

Um professor pode e deve fazer melhor tudo aquilo que tenta ensinar. Somos treinados para isso. Passamos anos aprendendo essas coisas. Quase tudo na nossa área é mais fácil para nós do que para quem não pertence ao mesmo ramo de atividade. Isso não nos torna melhores do que os alunos, apenas mais aptos profissionalmente a fazer aquilo para o qual somos pagos.

Ao responder a um aluno, ao ensiná-lo fazendo algo, ao demonstrar a forma correta de fazer um exercício físico, segurar um compasso ou melhorar um texto, devo ter presente que sou *o professor*. Não posso me exibir com meus conhecimentos superiores. Não sou colega dele. Sou o profissional da área. Saber mais naquele campo não me torna melhor, apenas significa que estou há mais tempo naquele campo de conhecimento.

ERRO 5: DESISTIR DE UM ALUNO

Uma vez escrevi para um congresso sobre a aproximação entre o método materno e o pedagógico. O texto que fiz era o seguinte:

> Hoje, eu acho que ser paciente é a maior virtude do professor. Não a clássica paciência de não esganar um adolescente numa última aula de sexta-feira, mas a paciência de saber que, como diz Rubem Alves, plantamos carvalhos e não eucaliptos. Nossa tarefa é constante, difícil, com resultados pouco visíveis a médio prazo. Porém, se você está lendo este texto, lembre-se: houve uma professora ou um professor que o alfabetizou, que pegou na sua mão e ensinou, dezenas de vezes, a fazer a simples curva da letra O. Graças a essas paciências, somos o que somos. O modelo da paciência pedagógica é a recomendação materna para escovar os dentes: foi repetida quatro vezes ao dia, durante mais de uma década, com erros diários e recaídas diárias. As mães poderiam dizer: já que vocês não querem nada com o que é melhor para vocês, permaneçam do jeito que estão que eu não vou mais gritar sobre isso (típica frase de sala de aula...). Sem essas paciências, seríamos analfabetos e banguelas. Não devemos oferecer menos ao nosso aluno, especialmente ao aluno que não merece e nem quer esta paciência – este é o que necessita urgentemente dela. O doente precisa do médico, não o sadio. O aluno-problema precisa de nós, não o brilhante e limpo discípulo da primeira carteira.

É um erro que já cometi muito. Um aluno não me ouve. Não faz nada do que eu peço. Diante de qualquer tentativa, sutil ou forte, ele reage com indiferença absoluta. Eu insisto, chamo para conversar, estimulo, repreendo. Nada. Absolutamente nada. Todos os colegas dizem o mesmo: "esse aí não quer nada com nada". Por vezes denunciam uma espécie de maldição genética: "já dei aula para os irmãos dele, naquela família ninguém quer nada com nada".

Parece que o aluno, o DNA, os colegas, o sistema e tudo o mais indicam que devemos desistir. Afinal, o que eu posso fazer com apenas aquele tempinho e tendo tantos estudantes para atender? Nesse momento, queria dizer para mim e ler muitas vezes para mim e aproveitar para dizer a vocês: não desistam. Desistir de um aluno e declarar que nada mais pode ser feito é um fracasso doloroso para todos, para o professor inclusive. Acho que há momento para desligar as máquinas num centro de tratamento intensivo. Acho que há momentos em que a doença vence. Mas gostaria, na minha vida profissional, que eles fossem escassos. É a vitória da morte, num hospital ou numa sala de aula.

O mais dramático é que, por vezes, é o aluno que nos pede para desistir. Ouvi tanto isso deles. "Não adianta, professor. EU NÃO QUERO APRENDER..." Encare sempre esse desafio. Quem não quer é o que mais precisa. Volto para a escova de dentes...

★ ★ ★

FILME
Nenhum a menos. Direção de Zhang Yimou. China, 2009.

Numa aldeia atual do interior chinês, um velho professor precisa se ausentar. As condições são muito difíceis. A escassez atinge até o giz que ele precisa usar até o limite do possível. Ele necessita de um substituto para ver sua mãe agonizante, mas ninguém se dispõe ao cargo. Aceita, por força da ausência de alternativa, uma jovem de 13 anos: Wei Minzhi. Wei é inexperiente, sabe pouco. O velho professor a nomeia com o conselho forte: ela deve impedir, a qualquer custo, a evasão escolar, comum no meio rural, onde as crianças são recrutadas para auxiliar suas famílias. Se ela não perder nenhum aluno, receberá 10 yuans como pagamento extra.

As aulas são angustiantes. Wei nada sabe e erra em quase tudo. Ela não tem autoridade e não pode contar com os conselhos de ninguém. As falas são muito naturais (e dizem que as crianças do filme eram mesmo alunas rurais do interior chinês e improvisavam).

Quando a jovem professora perde um aluno para o universo do trabalho, ela vai atrás dele. Nesse momento, cresce muito a figura da adolescente que enfrenta, sem dinheiro algum, o desafio de ir à cidade grande em busca do seu aluno.

Uma das coisas que você irá gostar no filme é analisar o grau de dificuldades dessa escola e dessas crianças. Se a sua escola é difícil, ao ver o filme, o ambiente no qual você trabalha parecerá bem melhor. O final é surpreendente.

A TAL DA CRIATIVIDADE

Há palavras que se esgotaram de tanto serem repetidas. Uma delas é *criatividade*. Em todas as reuniões e em todos os manuais com recomendações para professores há a indicação: sejam criativos. O problema é recomendar algo a alguém sem dizer como. "Seja sexy"; "seja carismático"; "seja criativo". Como?

Vamos analisar o termo. *Criatividade* deriva de uma capacidade de inventar, de não repetir, de surpreender e de ser original. Se eu devo ser original, devo evitar repetir o quê?

Vamos ao modelo tradicional primeiro. A maioria absoluta das aulas inclui um professor que fala, geralmente auxiliado por um quadro ou por um texto didático. Imaginemos a cena: eu entro em sala e devo ensinar aos meus alunos que todas as proparoxítonas são acentuadas na língua portuguesa. Digo para eles o que é uma proparoxítona. Insisto que é na a-n-t-e-p-e-n-ú-l-t-i-m-a (nós, professores, temos uma tendência a começar a falar de forma didática até no almoço em família). Dou exemplos. Escrevo alguns no quadro. Pergunto se entenderam. Peço a eles novos exemplos e aplico, se for o caso, uma bateria de exercícios. Você já teve uma aula assim? Eu já. Milhares. Não é uma aula criativa. Mas observe bem: é uma aula que, provavelmente, atinge seu objetivo. O aluno, com um mínimo de atenção ao menos, teria dominado o conceito central. Então, qual o problema do não criativo?

As informações que entram no nosso cérebro pelos caminhos usuais acumulam-se e, normalmente, são retiradas da lembrança imediata em pouco tempo. Inteligente, nosso cérebro não trabalha com coisas pouco úteis ou que atrapalham a memória de outras coisas. Se você decorou há anos uma fórmula de Física e não lembra mais, não tribute isso à falta de memória ou a um precoce Alzheimer. Trata-se de um exercício da inteligência do seu cérebro. Para que ocupar espaço imediato com os dados da conversão de graus Kelvin em centígrados se isto nunca foi necessário? Mas, divisões e somas básicas, aprendidas ainda antes de escalas para medir temperatura, continuam vivas na sua cabeça. Você as utiliza mais e vê nelas mais valor. Você as repete quase diariamente. Repetição é uma das chaves da memória.

Mas há que se considerar outro aspecto. Um dado permanece mais na memória se vier associado a mais lembranças ou ordenado em sequências com alguma lógica. Em geral, quanto mais intensa e completa a emoção associada à memória, quanto mais variado o universo que eu senti naquele momento, mais estruturada será essa lembrança. Isso explica que, anos depois, você ainda se lembre do primeiro efetivo beijo apaixonado da sua vida.

Meu objetivo não é refletir sobre a memória. Trouxe esses dados iniciais para pensar a noção de criatividade. Uma aula criativa pode incluir canais de comunicação, sensações, experiências e outros campos variados que aumentem o impacto da informação sobre o cérebro. Esta é a primeira virtude da criatividade: ela facilita a comunicação porque trabalha com o inesperado e, assim, ganha uma atenção mais focada. Imagine uma biblioteca com milhares de livros de lombada preta. Seu olho não se fixa em nenhum, ainda que você veja todos. Se por algum fenômeno um desses livros estiver brilhando, ele se destacará e causará uma impressão muito maior. Por que ele brilha? O que causa isto? Diríamos que esse livro é o livro "criativo" da estante da biblioteca imaginária. Fugindo do comum, ele prendeu a atenção e fez que eu me desligasse da consciência imediata de todos os outros. O estranho volume provocou uma reação e um desejo em mim: o que causa esse fenômeno? De súbito, todos os outros livros da biblioteca saem da minha consciência e consigo lembrar apenas daquele.

Então, mesmo sendo eficiente, a aula das proparoxítonas não foi criativa. O primeiro risco que se corre é que a informação, recém-adquirida pelos canais comuns, perca-se logo em seguida no lixo geral que o cérebro busca faxinar ou ocultar. Sem outros *links* para segurá-lo, o conceito de acento em proparoxítonas talvez não chegue até o jantar.

Agora, imagine que, em vez de dar aquela aula que descrevi, você decida utilizar o texto de Monteiro Lobato *Emília no país da Gramática*. Publicado em 1934, a obra ficou datada em muitos aspectos pelas várias reformas ortográficas que nos atacam de tempos em tempos como um herpes que sempre volta. Mas o livro ainda pulsa em sua vivacidade. O autor consegue dar vida à língua. Quindim, o rinoceronte, leva o pessoal do Sítio do Pica-pau Amarelo a um país, a Gramática, onde cada palavra e cada categoria vira uma personagem, um ser que fala e tem personalidade. No capítulo II, dialogando com arcaísmos, ocorre este simpático diálogo da menina Narizinho com uma palavra em desuso:

– E a senhora, quem é? Perguntou-lhe.
– Sou a palavra *Ogano*.

– *Ogano*? O que quer dizer isso?
– Nem queira saber, menina! Sou uma palavra que já perdeu até a memória da vida passada. Apenas me lembro de que vim do latim *Hoc Anno*, que significa *Este Ano*. Entrei nesta cidade quando só havia uns começos de rua; os homens desse tempo usavam-me para dizer *Este Ano*. Depois fui sendo esquecida, e hoje ninguém se lembra de mim. A senhora Bofé é mais feliz; os escrevedores de romances históricos ainda a chamam de longe em longe. Mas a mim ninguém, absolutamente ninguém, me chama. Já sou mais que Arcaísmo; sou simplesmente uma palavra morta...

Ao utilizar esse recurso, Monteiro Lobato lança mão da ferramenta da criatividade para ensinar algo. Ainda mais: ele junta o lúdico à criatividade. Uma coisa seria o professor listar a palavra *ogano*. Outra é a forma como Monteiro descreveu o conceito. O português ainda era um país novo e a rua incompleta quando a palavra surgiu. E *ogano* passou de arcaísmo à palavra morta.

Você deve ter percebido que, com a opção lúdica (já nos adverte o bom Piaget), o conhecimento entrou de forma mais fácil. Se o professor decidisse encenar em sala a cena do diálogo entre a palavra *ogano* e Narizinho, haveria ainda mais reforço. Num primeiro patamar, a criatividade tem a função básica de facilitar a compreensão e retenção. É a primeira, mas, nem de longe, a principal função da criatividade. Inserida numa cena mais complexa, trabalhada com humor, apresentada de outra forma, a definição de *ogano* e a diferença entre arcaísmo e palavra morta ficarão mais tempo e de forma melhor na memória.

Não sou professor de português, mas terei a ousadia de sugerir outra técnica, especialmente se os alunos forem menores. Suponha que você esteja numa sexta série. Você explicou que as proparoxítonas têm a sílaba tônica, ou seja, a mais forte, na antepenúltima sílaba. Todas as proparoxítonas têm acento em português. O acento sempre marca a sílaba mais forte. Explicação dada. Imagine agora a criatividade entrando em cena. Você arrumou numa loja de construção um assento sanitário. Pede ao mais alto e mais forte da sala que venha para a frente e entrega a ele o assento sanitário. Depois pede a outros, mais baixos, que fiquem ao lado dele. Cada um ocupará o espaço de uma sílaba de uma proparoxítona. A palavra *gramática*, por exemplo. Um aluno baixo será a sílaba "gra", o mais alto e com o assento será o "má", e cada um dos outros mais baixos ocuparão o espaço de "ti" e do "ca". Ato contínuo, você pede que eles falem a sílaba em voz alta e o mais alto e com o assento sanitário falará BEM mais alto, gritando até. Repita a operação várias vezes. Alunos adoram gritar. Numa das vezes, incite a turma toda a gritar junto com o mais alto. Gra-MÁ-ti-ca. Escolha outras proparoxítonas: relâmpago, rápido, lâmpada. Repita a operação. Pronto.

Qual a vantagem desta aula? Em primeiro lugar, a aula foi criativa ao fazê-los movimentar o corpo. Movimentos produtivos, caos criativos, podem ser ótimos para o aprendizado, assim como o silêncio absoluto e concentrado. Eles usaram o corpo e usaram a voz. A técnica reforçou, com essa gestualidade, o conceito. O uso do assento sanitário traz um toque cômico, já que "assento"/"acento" são palavras homônimas homófonas, ou seja, têm o mesmo som, mas grafias diferentes. Jovens adoram este humor. Por semanas, os outros alunos chamarão o grandão de sílaba tônica ou dominante. Na prova você pode evocar a experiência para reforçar a memória.

Quais as desvantagens dessa aula? Ela implica preparação e até o gasto de comprar um assento sanitário novo. Você poderia também desenhar um assento sanitário ou fazer um de papelão. Mas a grande desvantagem diz respeito ao tempo. Uma aula dessas gasta bastante tempo para ser executada e apresenta apenas um conceito como resultado do aprendizado. Logo, não pode ser frequente, até porque o criativo perde seu impacto se for cotidiano. Dependendo da escola, o criativo pode ter efeitos colaterais. Alunos entusiasmados gritando podem despertar a ira de um colega que dá aula ao lado, especialmente se a aula dele estiver chata. Pior: se os alunos gostarem e comentarem muito, haverá comentários "caridosos" na sala dos professores de algum admirador seu: "quando você vai começar a dar aula e parar de brincar com os alunos?" Lembre-se de uma regra de ouro: seus fracassos serão eventualmente criticados, mas seus sucessos causarão ódio muito maior. Por fim, quem usa criatividade inventa receita nova e receitas novas têm chance de erro. Vá que o grandão que segurou o assento sanitário passe a ser chamado não de sílaba tônica, mas de privadão ou coisa pior? Os pais dele logo comparecerão à escola com o Estatuto da Criança e do Adolescente em mãos. Nesse instante, você pensará: por que eu não escrevi no quadro apenas o conceito de proparoxítona? Por que eu invento essas "modas"?

Vamos continuar. Uma boa aula não precisa de recursos técnicos. Retire da cabeça que quem usa *Power point* é criativo e quem usa giz é conservador. Não é verdade. O recurso eletrônico é uma ferramenta, não um fim.

Imagine um professor de Matemática explicando, por exemplo, a demonstração do teorema de Pitágoras. Ele está construindo um raciocínio, passo a passo. Pode ser que o quadro seja melhor do que o *Power point* neste caso. Uma sala escura, pela manhã, repleta de adolescentes, existe uma possibilidade enorme de despertar sono. Imagens que se sucedem, voz do professor, tema longínquo... Tudo induz ao adormecimento. Curiosamente, ainda existem professores que confundem tecnologia com criatividade.

A criatividade começa pela surpresa. O espanto é o princípio do conhecimento. Se você tiver oportunidade, chegue antes dos seus alunos e grude com fita adesiva, debaixo de algumas cadeiras deles, perguntas ou exercícios individualizados. O aluno sentou despreocupado. De repente, você anuncia, dentro de alguma técnica que você queira, que alguns deverão resolver tais problemas, enquanto outros se dedicarão a atividades diversas. De novo a agitação, a surpresa. De novo surge o caos criativo, o bom caos criativo.

Quer revisar um conteúdo antes de uma avaliação ou perto do fim do bimestre ou trimestre? Veja estas ideias. Distribua pares conceituais ou trios conceituais. Exemplo: em papeizinhos, um aluno tirou o conceito de hipotenusa, outro tirou o de cateto. Um deve procurar o outro, ou melhor, a hipotenusa deve procurar dois catetos e formarem uma equação. Um que tem o conceito de Absolutismo de Direito Divino deve procurar o par conceitual de Mercantilismo. Encontrado o par, eles devem escrever, como atividade, sobre sua relação: soma, causa efeito, oposição etc. Mais uma vez, nosso conhecido, o caos criativo.

Você pode utilizar essas técnicas para formar mapas conceituais ao final de uma atividade. Cada um deve se encaixar em outro conceito dando, ao final da atividade, um mapa geral do que foi trabalhado no bimestre/trimestre. Tem alunos demais na sala e isso dificultaria a técnica. Seja criativo na criatividade: separe em dois grupos e dê duas tarefas distintas para cada grupo. Deixe uma parte lendo algo e trabalhe o mapa conceitual com outros. Depois inverta. Trabalhe com as dificuldades do seu universo em vez de lamentá-las.

Aqui a criatividade tem outra função além da memória reforçada pelo lúdico. Aqui a criatividade ajuda a trabalhar a construção de um conceito. Ela deixa de ser apenas uma técnica e passa a ser parte do processo de construção do conceito. O aluno entende a construção de um conceito se ele for construído em sala de aula. Imagine essas atividades encenando o modelo atômico de Demócrito na Grécia e os atuais modelos atômicos.

Mas queria deixar o mais complexo para o fim. A escola tradicional é, necessariamente, um processo de adestramento mental e físico. Um aluno entra na escola pintando o rio de preto. O professor manda pintar de azul, porque é a convenção. Ele adestra seu leque de cores à convenção. Ele para de pensar na função expressiva da cor e fica moldado pela função normativa. Bem, ao andar pelas marginais de São Paulo e contemplar o rio Tietê, por exemplo, ele poderia pensar de novo: azul por quê?

Elogiamos autores como Guimarães Rosa pela capacidade de inventar palavras e formas diferentes para a língua. Porém, na escola, essa capacidade pode levar à reprovação. Será que Guimarães virou um gênio literário porque não acreditou no que nós, professores, dissemos?

A escola é um processo de socialização e o próprio capitalismo exige que formemos também gente uniformizada e padronizada. Viver em grupo significa compartilhar certos padrões. A escola faz parte dessa tentativa. É fundamental para o trânsito que todos dominem o conceito de direita e esquerda diante da placa "proibida a conversão à esquerda". Seria desastrosa a criatividade nessa hora. Precisão conceitual e absorção do legado cultural de cada sociedade são umas das funções da escola. Mas...

O que há neste "mas"? A transformação social e, por vezes, a própria felicidade individual, estão ligadas à capacidade de fugir do padrão, de pensar diferente, de sair da "caixinha". O que fez surgir um Picasso ou um Steve Jobs não foi apenas a repetição ou o adestramento mental, mas a rebeldia e a criatividade.

Aqui nasce um equívoco comum no Brasil, em particular. É opor criatividade ao método ou ao conhecimento formal. Picasso copiou Velázquez no Museu do Prado antes de ser Picasso, e também depois. Aprendeu com os grandes mestres. Dominou técnicas clássicas, como a pintura a óleo e o desenho. Para criar seu universo original, Monteiro Lobato estudou, de forma muito tradicional, a etimologia e o latim. Passou horas sentado decorando coisas e, seguindo caminhos bem tradicionais, pôde então subverter.

No Brasil é comum a confusão. Alguns acham que ser criativo é estar aberto a uma inspiração que desceria dos céus e, para a qual, devemos ficar em repouso absoluto, aguardando. Cumprir horários, ler com afinco, anotar, estabelecer metas e avaliar seriam obstáculos à "criatividade". Fuja de quem acredita nisso. São apenas vagabundos.

A criatividade não é a etapa posterior que sucede ao conhecimento mais "quadrado". Criatividade não é o prêmio que se ganha ao passar por tudo que é comum ou inútil. Mas é difícil conceber a novidade sem dialogar com a base que a gerou. Isolado numa ilha e sem educação formal, duvido que o gênio de Einstein tivesse chegado aonde chegou. Retire da cabeça do aluno que ser criativo é se esforçar menos ou dar "jeitinho" que substitua o método. Ser criativo implica colocar maior energia, pois vai além da repetição dada pelos outros, não aquém. Ser criativo é ultrapassar, não reduzir.

Assim, a importância mais notável de um exercício criativo de ensino é fazer com que as imaginações e reflexões de todos possam voar e expandir-se. Grandes revolucionários, em algum momento, sonharam com algo novo. Esse momento pode ser a escola, quando uma aula ou uma atividade possibilita ao aluno ir além do usual. Estimular que a aula e o aluno sejam criativos é uma maneira de sugerir e reforçar o poder subversivo do conhecimento. Conhecer de verdade, de forma orgânica, é subverter crenças tradicionais. Ser criativo é um diálogo político com a transformação social. Nesse momento, eu entendo que toda educação tem um fim político, no bom e velho sentido que a palavra *política* tem.

MÉTODO CRIATIVO?

Termino com uma contradição. Seria possível um método para a criatividade? A resposta seria sim e não. Sim, acredito que seja possível pensar caminhos que canalizem a força criativa. A isso chamarei método. Não, pois, em sua natureza, criativo é o não repetitivo e original. Por definição, criativo não tem regra, a base do método. Assim, dentro dessa contradição criativa, vou propor etapas da criatividade para que cada um pense, use e, de preferência, negue usando algo melhor. Em vez de método, poderíamos atenuar a contradição chamando de "tecla *start*". A tecla do começo.

Primeiro passo: qual o conceito? Localizar bem o conceito desejado. Exemplo: Tráfico de escravos no período colonial.

Segundo passo: que *links* esse conceito propicia? Que fatos hoje, que acontecimentos recentes, que coisas do cotidiano do aluno eu posso trazer à baila? Para jovens, esse *link* é fundamental. É uma chamada, algo que inicie. Um passo para trazer a atenção do aluno.

Terceiro passo: como esse tema é tratado nos textos ou tradicionalmente? Existem exemplos consagrados. Nem sempre devem ser superados. Aprendi que o excesso de *design* numa cadeira, por vezes, pode prejudicar o ato de sentar, que é o objetivo primordial. Às vezes, menos é mais. Para ir além, saiba como estão sendo tratadas as coisas. Nada supera o conhecimento como base para tudo.

Quarto passo: cada tema ou cada conceito pode estimular um novo campo a ser associado na tarefa criativa. Exemplos: aulas de Geometria parecem indicar atividade numa calçada da escola; aulas de Geografia podem empurrar todos para a rua; Literatura dialoga com encenação, assim como História. E que tal Física ou Química na cantina da escola? Um novo espaço pode ser um bom começo.

Aqui cabe uma certa dosagem. Explorou um tema com música num mês? Não a use logo em seguida. Fez uma atividade teatral ruidosa? Tente o silêncio e a concentração na próxima vez. As alternâncias estimulam as turmas. Também é importante para ser justo: há alunos mais visuais (a maioria) e outros mais auditivos, há tímidos e os muito sociáveis. Ao variar, você proporciona combustíveis distintos para motores muito diferentes. Nunca encontrei um método que agradasse toda a turma. Encontrei alguns que, ao menos, não entediam a maioria.

Transmita sempre que você sabe aonde quer chegar. Você tem uma meta. Há um conceito, uma habilidade mental ou física a desenvolver. Enuncie-os. As atividades podem variar, mas não devem passar a sensação de aleatórias ou erráticas. Avalie cada atividade. Avalie com o olhar e, por vezes, por escrito. Pergunte aos alunos. Eu já fui surpreendido com respostas do tipo: "a gente prefere aula expositiva". Interprete esses paradoxos. Aqui vai uma sensibilidade muito complexa: em que momento eu devo insistir numa coisa ou em que momento devo retroceder ou mudar? Não existe nenhuma fórmula, mas evite ler um elogio ou uma crítica isolados como opinião da turma. Os alunos fazem isso como estratégia retórica. Nunca nos dizem: EU não estou entendendo ou EU não estou gostando. Sempre dizem: NINGUÉM está entendendo nada ou NINGUÉM gosta dessa atividade. Ouça com atenção, mas siga suas metas.

Eu sugiro a estratégia dos médicos para saber algumas coisas. O bom médico pergunta tudo para seu paciente. Ele sabe que o doente tem as informações mais importantes: onde dói, em que grau, desde quando. Ao mesmo tempo que pergunta, o médico observa e mede. Apalpa por vezes, sente e junta às informações amadoras do paciente o seu senso profissional. Seu paciente é a fonte e o alvo, mas não é *a* Verdade.

O médico precisa e deve fazer uma profunda anamnese, como o professor. É uma recordação de um histórico, uma busca de coisas que não poderiam ser esquecidas. É a sondagem do nosso objeto, alvo e propósito. Mas não é o final. A partir dos dados coletados eu estabeleço estratégias para chegar aonde eu quero.

Vou dar um exemplo. Uma vez, há mais de 25 anos, substituí um professor que trabalhava com o sistema de "questionário". Para resumir para os mais novos, ele fazia perguntas sobre um texto, dava a resposta correta depois de corrigir as dos alunos e eles decoravam um conjunto dela para a prova. A pergunta da prova era idêntica à dada em sala. Apesar de apenas trabalhar com o nível da identificação, ou seja, da memória, o método gozava de certo prestígio entre alunos. A prova seria exatamente o esperado. As respostas poderiam ser bem medidas e a avaliação ganhava uma segurança enorme. Decorou 5 de 10 questões? Ganhou média 5. Fácil, seguro e quase inútil, na minha visão.

Ninguém achava aquelas informações úteis ou interessantes, mas esse procedimento garantia uma tranquilidade de avaliações e os alunos poderiam reservar energia para as aulas e avaliações mais exigentes.

Bem, eu fui substituir aquele professor. Meu primeiro tema seria Revolução Industrial. Comecei com uma explicação tradicional: origens na Inglaterra, o sistema de fábrica, a questão social. Depois de uma aula, a segunda foi mais criativa. Levei para sala pequenos pedaços de madeira que eu havia coletado, pregos e martelo, furadeira. Primeiro entreguei as madeiras para um aluno que parecia mais hábil; ele deveria pregar dois pregos em cada uma e colocar num embrulho de jornal. Era para caracterizar a etapa do artesanato. Um trabalhador sozinho atendia a todas as etapas produtivas. Depois caracterizei a manufatura: um burguês interferia na produção trazendo a matéria-prima até o trabalhador e estimulando alguma especialização. Enquanto um aluno separava a madeira, outro pregava. Por fim, a indústria: um aluno representava o dono da furadeira (surgia a máquina) e empregava operários para uma linha de produção. Naturalmente, com mais gente e máquinas, a produção aumentou.

A aula foi um sucesso e deu muito trabalho. Todos gostaram muito. Precisei fazer a atividade em aula dupla. Como eu não tinha aulas duplas, precisei negociar com o próximo professor. Tudo deu muito trabalho.

Aí veio a questão central. Sim, os alunos adoraram a aula. Mas foi crescendo o incômodo depois. Que tipo de avaliação seria feita? Que questionário poderia resultar de uma aula como aquela? Anunciei que não haveria mais questionários. Parece que eu tinha dito: o Titanic está afundando, cada um por si! Enfrentei muita oposição. A prova foi elaborada com dois textos curtos adaptados por mim. Um era uma narrativa marxista e outro uma narrativa liberal sobre os efeitos da especialização na indústria. A única questão era comparar os dois textos à luz da experiência feita em sala de aula. Prova difícil de ser corrigida, pois não existe um gabarito preciso para as respostas.

Todo o processo foi trabalhoso, penoso até. Os alunos gostavam das aulas, mas reclamavam das provas. Acusavam-me de não ser claro no que eu queria e que eles não sabiam como responder. No fundo, reclamavam da substituição da comodidade repetitiva do modelo anterior, que se não gerava alegria, também não gerava desconforto. Eles levavam as provas corrigidas para a direção e comparavam: fulano escreveu quatro parágrafos e tirou nota máxima, eu escrevi oito parágrafos e ganhei média cinco. O critério pedagógico dos alunos era a fita métrica, confundindo lista telefônica com grande obra da literatura.

Por que eu levei tudo isso para a sala de aula? Eu sabia o que eu queria. Sabia que a reclamação deles não era uma crítica a mim ou ao método em si, mas ao incômodo de abandonar uma zona confortável. Ouvi a todos. Conversei com a direção. Mas não mudei. Meu aluno não era meu cliente, logo, nem sempre ele tinha razão.

Com minha experiência atual, talvez eu não começasse rompendo com tudo de uma vez. Talvez até fizesse um ou dois questionários a princípio para abrir uma concessão ao momento de transição e atenuar as dores. Hoje eu seria mais gradativo. Na época eu era mais jovem e esse enfrentamento era até desejado por mim como gesto de afirmação. Porém, há 25 anos ou hoje, continuo dizendo que, se eu acredito em algo, devo lutar por isso. A lição que aprendi foi variada. Sim, ser criativo tem mais valor do que não ser. Ser criativo dá mais resultados mentais e faz pensar mais. Ser criativo envolve mais e trabalha mais diferentes áreas mentais. Mas também: ser criativo causa mais problemas do que não ser. Quem vai na vanguarda do exército pode contar com probabilidades maiores de tiros. Mais do que nunca, você, professor, deve fazer perguntas básicas: o que eu quero com isso e aonde quero chegar? Se você tiver esta clareza, muita coisa pode acontecer.

Para encerrar esta pequena reflexão prática sobre criatividade: busque experiências, anote-as, pesquise, registre. Junto a colegas, usando a internet, os livros de prática de ensino: busque fontes para ter ideias. Por fim, crie um arquivo no computador ou compre um caderno para anotar ideias soltas que vão surgindo quando você vir um filme, observar uma experiência ou, simplesmente, ter a centelha da ideia. Esses "lampejos" devem ser anotados para serem pensados depois. Mas nunca se esqueça: seu objetivo não é a criatividade, mas chegar de forma efetiva ao aluno. Criatividade é um meio, não um fim.

Acho que expliquei o central. Ser criativo é fugir do que é esperado imediatamente. Ser criativo é facilitar o aprendizado. Mas, ser criativo implica riscos e maior dedicação. Bem, ser bom implica riscos. Ser ruim não implica riscos, talvez, por isso, exista tanta gente que seja ruim.

★ ★ ★

FILME

Sociedade dos Poetas Mortos (Dead Poets Society). Direção de Peter Weir. EUA, 1989.

Trata-se de um filme bem conhecido, estrelado por Robin Williams. O professor que ele interpreta chega a uma escola tradicional dos EUA, a academia Welton. Centro formal de estudos, o ambiente da Welton começa a ser subvertido pelo professor de Literatura Inglesa com atitudes muito criativas. Ele manda, por exemplo, que seus alunos subam numa carteira para mudarem seu ponto de vista. Ele traz textos estimulantes e, em determinado momento, rasga a introdução do livro de literatura. Com esse comportamento, ele vai ganhando a admiração de alguns e o ódio e a inveja de outros. Um dos alunos, contrariado na sua vontade de ser ator de teatro, acaba se suicidando e levando a um questionamento radical e à demissão do professor.

O filme é bonito e com diálogos interessantes. Mostra a beleza e os riscos de sair da gaveta tradicional. Do início ao fim, mostra que alguns alunos não são transformados. Nunca ocorre uma catarse apoteótica para todos. O roteiro dialoga, com certeza, com a escandalosa peça de teatro em alemão de Frank Wedekind, *O despertar da primavera* (1906), um pouco menos erotizado o filme do que a peça. Tanto no filme quanto na peça, aprendemos que lidar com seres humanos é imprevisível, mas sempre fascinante.

PAIS, COLEGAS E DIRETORES

O trato com os alunos e o cotidiano da sala de aula nos remetem a um aspecto duplo. Por um lado, neles estão todas as alegrias do exercício do magistério. Por outro lado, como em qualquer função, há dores nesse contato. Porém, por mais asperezas que o ensinar possa conter, elas são mais fáceis de lidar do que as asperezas que envolvem o entorno do magistério. O que é esse entorno? Falo dos pais, dos colegas, dos coordenadores e dos diretores. Há aspectos fundamentais que você precisa saber para sobreviver nesse universo. Vou tratar deles.

OS PAIS, MANUAL DE INSTRUÇÕES

Quem trabalha com ensino médio e fundamental sempre terá muito contato com pais, maior contato ainda se for no período diurno. Quem trabalha com ensino superior terá contato menor ou inexistente. Então, falaremos dos pais de crianças e adolescentes.

Quando comecei a trabalhar, supunha que os pais seriam meus maiores aliados. Mais do que eu mesmo, eles deveriam lutar por uma excelente educação para seus filhos. O interesse pessoal deles no sucesso dos filhos, ao qual eu associava a educação, deveria ser muito maior do que o meu. Aquele aluno era um entre centenas para mim, mas único para eles. Eles seriam os maiores cúmplices do meu projeto educativo. Não foi bem assim.

Não me interpretem como se eu estivesse dizendo que os pais não querem educação. Eles querem, muito. Porém, percebi que não era o mesmo modelo do que eu queria. Primeiro problema: o modelo do que seria uma boa educação era distinto do meu.

Os pais fizeram escola há 20, 30 ou 40 anos. A maioria passou por experiências muito distintas daquelas que hoje aceitamos como válidas. A maneira de ensinar Inglês, História ou Física está congelada na memória dos pais. Pior, como toda memória, ela vai sendo aprimorada pelo nosso controle interno de qualidade. Ouvi muitos pais dizerem que, "no tempo deles" (esta frase sempre introduz uma crítica), os "professores sabiam se impor". Logo, se eu não conseguia me impor a uma sala, era culpa de quem? Não é preciso ser muito esperto para responder a essa premissa. SEMPRE o professor é o culpado. Na educação, o professor ocupa o papel que o mordomo ocupava na busca do assassino nos castelos ingleses.

Um exemplo de diferença de concepção de método que atinge tantas vezes o professor: se o pai é mais velho e teve uma escola com insistência na memorização, ele nunca entenderá o fato de que se o filho sabia a matéria "de cor", como pode ter ido mal na prova. Para esse modelo, ainda muito forte, estudar era repetir. Alguns ainda insistiam que tinham "tomado" a lição dos filhos e eles sabiam todas as respostas. É muito complexo explicar que não se pode pedir a um professor que cobre exclusivamente memorização nas avaliações em pleno século XXI, como não se pode pedir a um médico que faça sangrias com sanguessugas. O conhecimento avança e as avaliações hoje são, ou deveriam ser, mais ricas e criativas.

Então, surge aqui a primeira instrução deste manual. O pai que está à sua frente está dialogando com um modelo antigo, idealizado, geralmente ultrapassado, mas que gera um cânon oficial na cabeça dele. É preciso ter calma e explicar, com serenidade, o que houve no mundo desde a invenção da pólvora. Sabendo dessa premissa "arcaizante" dos pais, você pode se preparar para ser mais tranquilo numa reunião e não perder a paciência.

Existe o oposto perfeito disso. Há uma turma de progenitores que considera que a tecnologia é tudo. O que implica tal premissa? É errado fazer o filho ler um livro, pois os suportes atuais permitem muito mais. É errado insistir em orientação de pesquisa, pois o Google acabou com esse trabalho. Não se deve fazer nada que não seja navegar, apertar botões e acessar a rede mundial. São pais que confundem modernidade com *chips* de silício e conhecimento com a tecla *play*. Temos um capítulo neste livro que trata dos impactos da tecnologia, mas adianto uma segunda instrução: tão difíceis como os pais do "era melhor no passado" são os pais do "conhecimento é igual à atualização do seu i-Pad". Como explicar que o aluno precisa ler, independentemente de o suporte ser papiro, papel impresso, texto com nanquim ou tela de plasma? Difícil, mas tente mesmo assim.

Terceira instrução prática: leve em conta o amor paterno. Os professores jovens ou aqueles que não têm filhos podem apresentar uma dificuldade específica: entender o amor dos pais e das mães. Esse amor costuma ser intenso e contém, amiúde, certos graus de irracionalidade. A opinião de pais sobre seus filhos, raramente, é crítica. Mesmo quando é crítica, não interprete que você pode se associar a essa crítica, pois só há permissão para o pai ou a mãe fazê-lo.

Cuidado ao falar de um filho ao pai. Se você disse que o aluno é lento no aprendizado ou abstrai com dificuldade, frases que o pai lerá como acusação de burrice a seu pimpolho, prepare-se: haverá um *tsunami*. Se você analisar com o pai numa reunião que o filho dele não se integra com ninguém da sala, há uma chance grande de o pai considerar que os outros 49 alunos que rejeitam seu filho são problemáticos. É preciso prudência extrema ao tratar dos filhos para os pais.

A criação de um ser humano implica tanta dedicação, tantos recursos materiais e tanta energia afetiva que é bem provável que venha acompanhada de certo amortecimento do senso crítico. Tenha em mente numa reunião de pais ou numa entrevista isolada com eles, que há um objeto frágil de cristal que é o filho. Ao tratar dele, seja cuidadoso, diplomático e prudente. Se um pai chegar a afirmar algo pejorativo sobre o filho, já dissemos: jamais reforce essa crítica. Se ocorrer a um pai chamar ao filho de "vagabundo", nunca concorde nem aumente a adjetivação negativa. Apenas escute. Explique o que você quer e como trabalha. Reforce seus objetivos. E pronto. Seja o mais claro possível numa reunião e evite julgamentos de valor.

Tive uma experiência curiosa. Um aluno era particularmente lento para aprender e custava mais do que a média dos colegas a fazer relações ou comparações. Os professores costumam saber que, mesmo os mais indisciplinados, muitas vezes, são assim por serem inteligentes. Alunos rápidos ficam entediados na sala. Notas não representam grau de inteligência, mas adaptações ao sistema. Mas, igualmente, costumamos identificar aqueles alunos que, especificamente nas áreas em que trabalhamos, são lentos mesmo. Este era um aluno particularmente lento. Aprendia, mas a fórceps. Ao entregar os resultados ao pai, ouvi: – "Sabe, professor, meu filho é meio gênio". Respondi com uma ousadia que hoje não tenho mais: – "Ele tem sido discreto a esse respeito".

Minha resposta foi um erro, um dos tantos que eu cometia no início do magistério. Era uma estocada irônica. Aprendi muito naquele dia. O pai balançou a cabeça afirmativamente de forma prazerosa e sorriu. Entendi, espantado, que além de eu reforçar a crença de que o filho era um gênio, eu o tinha elogiado por uma suposta modéstia a esse respeito. Não querendo humilhar seus colegas com sua capacidade portentosa e sua erudição vastíssima, o menino tinha optado por ir mal por... humildade.

Importante: alguns pais mais "psicanalisados" podem insistir dizendo que querem sua opinião sincera e sem rodeios sobre o filho. Já ouvi muitas vezes esse pedido. Tenha cuidados redobrados com esses pais. É devastador ter um filho menos capaz do que a média, ou que assim seja considerado.

Diante de um resultado negativo final, existe um processo comum: o filho reprovado ou que está com notas muito baixas, pesa na consciência de alguns genitores. Às vezes, eu classifiquei esses pais como "pais de novembro". Nunca tinham aparecido na escola. Jamais deram o ar da graça desde o início. Mas, diante do mal iminente ou já verificado, traziam na sua agressividade uma forma de descontar a acusação que eles mesmos, ou a família ou os filhos faziam: você foi omisso. Eram pais muito agressivos que tentavam, uma única vez, mostrar um interesse e uma dedicação que nunca tinham conseguido realizar. É um momento particularmente difícil. Uma coisa prática: evite atender a esses pais sozinho. Colegas ou a coordenação ajudam nessa hora. Ao se reunir com pais de alunos reprovados, respire fundo, demonstre convicção sobre o que foi feito e tente manter a mais absoluta calma. Creia: você irá precisar. Tente entender até aquele momento. Uma reprovação é um atestado de fracasso muito poderoso. É como dizer que o exame do material deu que era maligno o tumor. Manda a prudência, a caridade e o bom-senso que tudo isso seja feito com o máximo possível de tato.

Para que serve uma reunião com pais? Primeiramente, faz parte da obrigação do professor expor-se. O pai tem direito de saber quem trata com seu filho. Segundo, você entenderá muito dos seus alunos ao conhecer os pais. Inúmeras vezes, tive um afeto aumentado pelos alunos mais problemáticos, exclusivamente, porque conheci os pais. Terminei muita reunião pensando: "É, até que, considerando de onde vem, meu aluno nem é assim tão ruim..."

Por fim, algumas vezes, tive o privilégio de encontrar pais que realmente ajudaram a mim e à escola. Eles queriam mesmo que o filho fosse desafiado a superar seus limites e entendiam que seu rebento não era um deus descido ao mundo, mas como eu e os pais, um ser humano com virtudes e defeitos. Não tratavam seus filhos como tulipas intocáveis nem como pedra dura. Eram pais que acompanhavam o ensino com interesse orgânico. Agiam com surpreendente lucidez e chegaram a dar indicações que me ajudaram muito. Eles existem. Provavelmente não serão maioria na sua vida de professor.

Os pais descritos anteriormente ou os pais normais e majoritários são, ambos, fundamentais para seu exercício como professor. Nas suas glórias e defeitos, a origem dos alunos permite adequar a linguagem, focar mais o trabalho e saber quais caminhos seguir ou evitar. Preste atenção aos pais, não se irrite muito e, acima de tudo, não pense que os pais têm o controle total sobre o que ocorre com seus filhos. Assim, não tribute todos os males à formação familiar. Ninguém tem controle absoluto sobre o que resulta numa pessoa; nem os pais e nem você.

DIREÇÃO E COORDENAÇÃO

Toda escola tem diretor e coordenadores. São seres essencialmente voltados a reuniões. Adoram marcá-las. Tal como os pais, há vários tipos de diretores/coordenadores. Há os que ajudam, os neutros e os que atrapalham. Apesar da beleza emocionante e rara do primeiro grupo e da óbvia inutilidade do segundo, vou me concentrar no terceiro.

Ao contrário de muitos jovens professores de hoje, fui educado para a hierarquia. Fontes variadas, como o ambiente de migração germânica ao próprio momento de ditadura militar na minha infância e adolescência, colaboravam para inculcar o papel fundamental de quem manda e sua competência. Até hoje, tenho a tendência quase estrutural de respeitar quem está no comando. Vejo que muitos jovens profissionais, para o bem e para o mal, possuem um certo "anarquismo" congênito. Entre meus jovens alunos assisto, maravilhado, àqueles de 18 anos que, tendo lido um pequeno trecho do grande Kant, já dizem que não concordam com ele e passam a desbancá-lo. Autoridade está em desuso, mas precisamos analisar isso.

Você conviverá sempre com autoridades pelo caminho profissional. As grandes e, por vezes, as que mais me assustam: as pequenas. Constato que um dos defeitos da autoridade, do professor ao funcionário que cuida do audiovisual, é que eles perdem (perdemos) o foco na atividade fim. A atividade fim da escola é o aluno e seu aprendizado. Para isso, e dentro dos limites da lei, da ética e do possível bom-senso, cabe fazer tudo. A autoridade do professor existe para esse fim, como a do diretor e dos coordenadores. Numa escola, todos somos servos do objetivo maior e só existimos para essa meta.

Assim como alguns professores, há diretores que entendem que seu poder é o objetivo em si do cargo. O zelo pelo respeito e a defesa de uma "liturgia" ao redor desses diretores evidenciam como perdemos o foco. A autoridade do diretor emana da vontade política de que a escola dê certo e funcione. Isso implica um pacto invisível, mas claro: obedeço porque concordo com a base e as condições que motivaram a sociedade escolar. Obedeço porque faço parte de um grupo e não sou autônomo nesse grupo. Obedeço porque entendo que o objetivo do diretor é o mesmo objetivo que me anima e ampara. Porém, é difícil defender essa hierarquia quando notamos compadrios, desvios de função, incompetências e agressões.

Você enfrentará muitos percalços. O primeiro já foi indicado: as pessoas que exercem poder parecem não imbuídas de uma missão passageira, mas divina e eterna. Não incorporam o sentido da missão escolar e de uma liderança orgânica construída para melhor focar no objetivo. Fomentam divisões no grupo. Estendem reuniões inúteis. Desvirtuam o foco substituindo a atenção produtiva pela multiplicação de relatórios e papéis. Colocam sua vontade como um decreto imperial e não escutam a voz das trincheiras. Magnificam a reclamação de um aluno e nos trazem como se fosse um movimento das massas oprimidas. E, acima de tudo, fazem a escola passar a girar em torno de uma única e sagrada meta: não ter problemas. Não importa que o ensino esteja ruim, a biblioteca seja defeituosa ou faltem projetos estruturais para pensar a escola. Importa que não chegue à imprensa, que a diretoria de ensino não saiba, que os pais não contestem. Importa o silêncio e a paz, tranquilidade que assegura cargos, mesmo ao preço de todo o resto. Muitas vezes, os poderes são mais zelosos da posição e da gratificação do que do zelo pela qualidade.

O que mais engana nesse tipo de atitude é que ela vem embrulhada em pacotes bonitos. Essas pessoas proclamam seu entusiasmo pela sala de aula, mas dela se ausentaram, sem protestos, há anos. Exaltam como o ambiente da escola é maravilhoso, mas é difícil achá-lo. Pior: fazem jogo duplo. Ao falar com os professores, reclamam dos alunos e dizem que estão ao lado dos mestres. Ao atenderem alunos, comentam que tal professor é assim mesmo. Jogam o tempo todo num tenso equilíbrio, cuja meta é a manutenção do cargo.

E aquele coordenador que decide dar dicas a você sobre como dar aula? Você olha para o ser e está escrito em *neon* na testa que ele não tem a menor ideia de como dar aula. Leu resumos de teorias pedagógicas. Ao entrar numa sala para dar avisos, não consegue controlar a turma. No entanto, fornece dicas e conselhos. Convoca-o para que você as ouça. Expele pérolas do mais puro senso comum e pouco ou nada oferecem de concreto. Essas reuniões são sofrimento puro e concentrado.

Bem, mas vamos em busca de outras tintas, também verdadeiras. Eu sempre reclamei dos critérios, nas escolas privadas, de demissão de professores. Colegas bons eram mandados embora. Outros, não tão bons, ficavam. Uma vez, em particular, cheguei a perguntar a uma autoridade de uma escola como um colega que era tão bem formado e desenvolvia um trabalho tão próximo dos alunos tinha sido demitido. Para mim, o caso era gritante demais para calar. Como a pessoa que consultei gostava de mim, chamou-me à parte e segredou algo que eu ou os outros professores não sabíamos. Sim, o professor era competente e desenvolvia um trabalho bem próximo dos alunos. Porém, havia desenvolvido um trabalho excessivamente próximo das alunas e cometera o erro capital do assédio direto e concreto a uma de 16 anos. Bem, isso eu não sabia e, dadas as evidência reais, teria feito o mesmo e demitido o incauto assediador. Aí estava uma coisa que aprendi: a visão geral da escola não era minha. Eu, imerso na linha de frente, tinha um contato bom com as coisas, mas parcial.

Exercer cargos administrativos implica doses específicas de responsabilidade e uma visão distinta do processo. Por vezes, em escolas particulares, interessa ao professor, exclusivamente, o exercício de uma boa avaliação, que pode significar a reprovação de muitos. O bom professor mira apenas na ideia de qualidade a qualquer custo. Não avalia o cliente, apenas o aprendizado do aluno. O administrador pensa no aluno também como cliente, porque deverá prestar contas à mantenedora e deverá manter a escola saudável financeiramente. Como numa empresa saudável, o ideal seria o bom equilíbrio de forças entre o departamento de *marketing* e o financeiro. Um mira para a frente, outro para o presente. Dar todo poder a um pode, por vezes, significar o fechamento da uma empresa por falta de clientes ou uma crise pela falta de qualidade do produto. Um pensa economia, outro pensa em investimentos para o futuro. Seria bom que direção, mantenedora e professores conseguissem maior equilíbrio nas visões e soubessem que são importantes nas suas funções. Tais visões, pela diversidade e riqueza que representam, deveriam dialogar de forma mais horizontal. Todos ganhariam.

Na escola pública, onde o aluno não representa risco financeiro, o problema é de outra ordem. Os cargos não estão ligados à confiança com a mantenedora, mas a um acordo político ou, mais raramente, a eleições. Num ou noutro caso, parece que estamos sempre insatisfeitos com o poder. Isso nasce das pequenas coisas: "Por que me deram mais aulas na sexta, se eu pedi horário mais livre nesse dia?" Até ressentimentos por não pertencer ao "círculo íntimo" da direção. O professor da escola pública raramente olha para seu colega, em cargo de direção, como outro professor. Pior, muitas vezes o diretor não se olha como professor temporariamente ocupando um cargo, mas como "inimigo de classe". O arqui-inimigo é o governo e o secretário ou ministro, que só inventam metas, programas e nomes novos para a mesma coisa. É uma luta cuja vítima costuma ser a escola e os alunos.

Depois de muitas décadas levando patadas de todos os governos, nós, professores, desenvolvemos certa desconfiança estrutural e congênita contra medidas públicas. A segunda década do século XXI seria um bom momento para pensar numa coisa original. Se a medida governamental é, de fato, ruim, ela deve ser combatida com todas as forças e em ações muito maiores do que o murmúrio na hora do cafezinho. Se ela é boa (vamos partir da hipótese que isso seja possível), deve ser apoiada com energia numa ação muito inovadora: nós, professores, agindo e falando bem de um governo. Está mais do que na hora de aumentar a capacidade política de resistência e, ao mesmo tempo, quebrar a oposição metódica como possibilidade única. Está na hora de pensar além do muxoxo.

OS COLEGAS

Deus inventou a educação e o diabo, invejoso, o colega. A frase, já dita, pode assustar os jovens professores. Vou direto ao ponto. Seus alunos são seus alunos. Faz parte da dinâmica do sistema que eles tentem colar ou conversem, que falem mal de você pelas costas e que sejam eventualmente agressivos com você. Seus superiores são seus superiores. Também integra a dinâmica do sistema que haja certo enfrentamento. Ainda que Dante tenha colocado a felonia, a traição aos superiores, no mais profundo dos círculos do Inferno, poucas coisas são tão gostosas como falar mal do chefe. Desejei dizer que os problemas com alunos e direção parecem pertencer a um universo mais natural e fluido e você, provavelmente, terá condições de lidar com eles.

E tem o colega... Fiz bons e permanentes amigos entre colegas de magistério. Todos sabemos que, da sala dos professores, podem emergir afetos que conduzem ao altar. Além disso, observando colegas competentes, pude aprender muito, de técnicas de aula a procedimentos e posturas com alunos. Há sempre, em qualquer lugar, muita gente boa exercendo o magistério.

Conselho sobre os bons colegas: aproveite-os. Peça ajuda e escute. Observe com atenção. Os mais velhos, geralmente, têm orgulho e prazer em oferecer indicações aos mais novos. Coloque suas dúvidas e problemas e escute. Aprender a ouvir é um desafio enorme. Nós, professores, amamos falar. Acho até que, parte do que se chama vocação para o magistério é uma vontade permanente de público ouvinte. Por vezes, é bom calar-se. Simples assim.

Mas preciso dizer algumas coisas dentro do espírito desta obra. A primeira delas: quase tudo que você disser na sala dos professores estará, em minutos, nos ouvidos da direção, da coordenação e até dos alunos. Tenha isso em mente quando fizer comentários públicos. Uma frase crítica sobre um aviso colocado pela direção que tenha escapado dos seus lábios incautos chegará, na velocidade da luz e ainda aumentado, aos ouvidos dos superiores. Nunca encontrei nenhuma instituição de ensino que não tivesse seus *big brothers* estrategicamente espalhados pelo corpo docente. Ao entrar na sala dos professores, especialmente no começo, faça o que me esqueci de fazer tantas vezes. Fique quieto. Escute. Faça comentários gerais até conhecer mais as pessoas. Arapongas flanam por todos os ambientes.

Não recomendo cinismo. Não estimulo que você diga coisas em público se não as sentir. Recomendo, apenas, prudência. Sempre. Depois, aos poucos, você saberá quando pode abrir mão dessa prudência. O mundo contemporâneo, com sua defesa quase dogmática do valor da subjetividade, costuma estimular que você se abra sempre, que se coloque em todas as ocasiões, que diga com fluidez o que se passa na sua alma. Guarde isso para as pessoas que você ama e que amam você. Seja prudente em ambientes profissionais. Acha isso muito mesquinho e vê nessa diretriz um dos problemas das escolas? Classifica como ato covarde o calar-se? Prefere dizer, com destemor, tudo que lhe vier à cabeça? Então, siga sua intuição. A história é generosa com a coragem de Joana d'Arc e de Giordano Bruno. São lembrados como pessoas autênticas que não se calaram. São admiráveis. São audaciosos. São bravos. E ambos morreram na fogueira.

Recomendo prudência. Mas não apenas com críticas. Recomendo cuidado com narrativas de sucesso. Deu uma aula extraordinária? Uma técnica fez um sucesso inesperado na sétima B? Perfeito. Os alunos espalharão isso. Você não precisa se vangloriar ou espalhar com ênfase. De todas as coisas que podemos tolerar dos outros, o sucesso é a mais difícil.

Da mesma forma, prudência com a narrativa dos fracassos. Brigou com um aluno de forma mais enérgica? Sofreu uma brincadeira de mau gosto? Sua prova foi uma catástrofe nos resultados? Reflita sobre o episódio, converse com amigos e, em alguns casos, consulte coordenadores ou direção em particular. Evite o discurso público na sala dos professores.

Viver em grupo é um desafio. Implica negociar, a todo instante, espaços e possibilidades. O mundo do trabalho não deve tomar, por completo, o espaço afetivo. Como eu disse no princípio, fiz amigos permanentes entre alguns colegas. No entanto, é verdade que a maioria absoluta simplesmente desapareceu nas brumas da memória quando mudei de escola ou quando deixamos de nos ver.

Convivência implica tolerância. Alguns professores fumam outros não. Uns falam ao nosso lado com tom de voz como se ainda estivessem numa sala com 50 alunos. Lembro-me de uma escola onde um professor acordava com particular mau humor. Uma colega entrava gritando um bom-dia estridente, alto e efusivo. Ele tolerou por meses aquele choque de biorritmos. Um queria silêncio monacal às 7h da manhã. Outra estava no máximo da energia e já desfrutara de excelente café da manhã. Até que um dia... ouvindo o milésimo bom-dia alto e decidido, ele teve uma crise com ela. Eles discutiram asperamente. O motivo era o mais banal possível, mas a briga foi feia. Por vezes, uma sala de professores parece um lugar de terapia em grupo.

Convivência implica tolerância. Isso é um aprendizado. Tive uma colega que colocava, para a aula noturna, uma quantidade de perfume forte e doce. Assemelhava-se à aparição de uma divindade hindu, cercada de nuvens de incenso e sândalo. Sabíamos que ela vinha chegando muito antes da presença física visível dela. O grupo foi ficando crescentemente incomodado. Decidimos colocar um bilhete anônimo no escaninho dela. Aquilo envenenou a relação com o grupo, pois ela desconfiava de todos e sentiu-se magoada com a ação. Nós nos achávamos invadidos pelo cheiro e ela se achou invadida pelo bilhete. Provavelmente, ambos estávamos errados. Ela, pelo excesso. Nós, pela tática desonesta do bilhete anônimo. Por vezes, não tem jeito mesmo. Conviver é complicado, em qualquer lugar.

As relações são frágeis. Já entrei em sala e encontrei o quadro inteiramente escrito pelo professor anterior. Sempre achei deselegante o professor que deixa o quadro cheio para o próximo. Deixei escapar um comentário áspero a respeito ao apagar a aula anterior. Aquele giz pelo ar penetrando na roupa e nos ossos vai nos irritando cada vez mais. O comentário, aumentado, chegou aos ouvidos do autor do quadro. Caldo entornado e relações estremecidas. De novo, duplo erro: quem deixou tudo escrito, e eu ao comentar em público.

O ambiente das discussões ou da convivência numa escola, forçoso reconhecer, é o mais comezinho possível. Relações azedam quando um horário favorece um professor. Caldos entornam quando as turmas escolhem a um paraninfo e não a outro. Olhares ficam acres com a roupa nova de um colega ou a uma melhoria visual na dentição. Chato dizer, mas estamos imersos num universo das coisas irrelevantes e medíocres. Se você sonha que as conversas e os temas da sala dos professores sejam elevados, abstratos, ideias pedagógicas ou questões políticas, preciso lhe dizer que a decepção será enorme. O programa que passa no domingo na televisão ou uma notícia policial serão narrados com entusiasmo e interesse épicos. Uma nova obra nas livrarias, talvez, mereça menos comentários. Somos professores, todavia pouco nos distingue da conversa de outros segmentos não ligados à educação.

Os psicólogos sugerem que cada um de nós analise o que nos irrita em outra pessoa. Esse é um caminho muito bom. Todos temos aspectos desagradáveis no comportamento e na personalidade. Resta pensar, seriamente, o motivo daquele ponto específico gerar tanto desconforto a você ao ser constatado no outro. Responder a essa questão pode ser um enorme crescimento.

Há que se negociar muito numa escola. Você precisa que um colega aplique uma prova, precisa juntar as turmas por algum motivo ou precisa de ajuda para algo. Nesse momento, será bom ter excelentes relações. Como se diz, "gentileza gera gentileza". Pelo desgaste político e pessoal e por esse fator descrito na frase anterior, seria bom ao máximo evitar desavenças.

Mas há colegas invasivos e agressivos. Há gente que realmente consegue um aperfeiçoamento do dom de ser irritante que ultrapassa o normal. Quando isso ocorrer, ignore o máximo possível todas as primeiras, segundas e terceiras vezes. Depois de um número impreciso, sentindo que o problema continua, não tem jeito. É hora de falar com o colega, por doloroso que isso seja. Às vezes, resolve. Uma conversa franca e direta é a segunda estratégia depois de ter tentado tolerar. Por fim, não resolveu? Tolerou, conversou, insistiu na tolerância e na conversa e o colega continua invadindo seu espaço, "pegando no seu pé" e interpretando sua tentativa de tolerar sem brigar como fraqueza e sinal para avançar mais ainda? Não tem jeito. É hora de marcar seu espaço com energia. É desgastante. Deve ser o último recurso. Você deve avaliar se precisa envolver a direção ou não. Infelizmente chegamos, por vezes, a esse ponto em que a diplomacia não funciona. Aí é a guerra e vence quem tiver mais força e estratégia. Como diz um dos grandes autores sobre o tema (von Clausewitz), a "guerra é a continuação da política por outros meios". Pelos seus custos pessoais e pelos seus riscos, essa guerra aberta e polarizada deve ser evitada o máximo possível. Tal atrito é como uma amputação a que submetemos uma parte do corpo apenas quando ela, totalmente infectada, não apresenta possibilidade de recuperação e ainda arrisca outros membros do corpo. A decisão de amputar, com a de romper abertamente com um colega, deve sempre ser a última e desesperada alternativa.

PARA ENCERRAR...

Há algo que ajuda muito jovens professores no emaranhado descrito neste capítulo. No meio da caminhada, pode lhe ocorrer a pergunta melancólica: "serei o único que quer ensinar"? Por quê? Porque, muitas vezes, quando você dá um livro essencial para os alunos lerem, eles reclamam e protestam. A coordenação e a direção dizem que o livro é grande demais. Os pais, na reunião, dizem que não encontraram o livro ou que leram junto e não gostaram. Na sala dos professores, alguns colegas observarão que, no passado, tentaram dar esse livro, mas desistiram depois. De repente, isolado e triste, você será levado a pensar se vale a pena.

No momento em que você estiver com aquela pergunta na cabeça, pare um minuto. Sentimentos messiânicos e salvacionistas são estranhos. Se você se sentir possuidor isolado de uma verdade fulgurante que nenhum outro ser humano ao seu redor percebe, avalie com delicadeza a situação. A diferença entre remédio e veneno, ensina o criador da homeopatia, é a dose. Não faça como tantas vezes fiz no passado: quanto mais me diziam que aquilo era excessivo, mais eu me convencia de que era um herói solitário a percorrer o deserto. Isso pode ser interessante na fundação de grandes religiões ou nas vanguardas artísticas. No magistério, deve se ter cuidado com a genialidade solitária e isolada. Volto à história que narrei do pai que supunha ser o gerador de um ser especial. Se você é um gênio acima da média e dispõe de uma visão das coisas que ninguém consegue entender... seja discreto a respeito.

★ ★ ★

FILME
Mister Holland: adorável professor (Mr. Holland's Opus). Direção de Stephen Herek. EUA, 1995.

O ator Richard Dreyfuss interpreta um músico que, necessitando de mais dinheiro, decide começar a lecionar música numa escola dos EUA, em Portland, Oregon. Ele não se sentia atraído para o magistério, mas entrou para a função por absoluta contingência. Suas experiências iniciais são desastrosas. Ele detesta os alunos e a recíproca é verdadeira. Como comenta sua diretora com ele, ele é o único professor que chega ao estacionamento para ir embora mais rápido do que os alunos. A diretora, interpretada por Olympia Dukakis, tem conversas muito interessantes com Mr. Holland. Comenta, por exemplo, que ser professor não é apenas fornecer informações para os alunos, mas formar redes que permitam reter essas informações. A relação dele com a direção começa áspera e vai se tornando produtiva. Há atritos com colegas, como o treinador esportivo, que acaba se tornando um amigo. A vida do professor é ainda atormentada por problemas privados, como o filho ter nascido surdo. Ele vai descobrindo caminhos para se comunicar com os alunos, mas, na mesma proporção que se encanta com seus alunos, se afasta do seu filho deficiente. Ao final, após 30 anos de magistério, ele se sente derrotado porque os burocratas não veem mais sentido nas aulas de música e fazem uma reforma curricular, cortando a área de Mr. Holland. Quando ele se sente derrotado, há uma reação de ex-alunos, incluindo a atual governadora do Estado que ele ajudara com o clarinete quando adolescente, que voltam para a escola. No final, com apoio de tantos ex-alunos, ele descobre que a grande obra dele, o *opus* máximo não era, exatamente, a sinfonia que ele tanto almejara, mas a própria influência e ação junto aos alunos. Ao contrário de outros filmes, não mostra um professor genial e carismático que chega como um raio num dia de sol, mas um ser humano com muitos problemas que vai se descobrindo na profissão.

APERTEM OS CINTOS, CHEGOU O DIA DA PROVA

O DIA DA PROVA...

Os exércitos falam de "batismo de fogo". Ao jovem piloto, dá-se um banho inaugural de óleo. Os antigos guerreiros orgulhavam-se da primeira cicatriz em combate. Para você, jovem professor, a linha divisória será a primeira avaliação aplicada numa turma.

Chegou, por fim, o dia da prova. Haverá um clima especial na sala, por vezes, em toda a escola. Se for semana especial de avaliações, colegas entrarão na sala dos professores com um sorriso mais denso. Você ouvirá, a princípio com certo constrangimento, multiplicarem-se frases como "agora eles vão ver" ou "chegou o dia da vingança" etc.

Aqui começa o primeiro ponto da reflexão. Nunca a avaliação pode ser oportunidade de "revide" ou "troco". Nenhum médico sério vai cortar o paciente sem anestesia porque ele é chato ou disse algo ruim na consulta. Nenhum professor deveria utilizar avaliação como forma pessoal de afirmação. É um erro grave e um desvio profissional. É natural que uma voz inquieta, no fundo do coração do professor, peça essa vingança. Não escute essa voz. Há muitos espaços para resolver problemas com a turma. A prova não é um deles.

Ao longo de sua vida como professor, haverá atritos com alguns alunos. Alguns deles serão sérios. Você perceberá que crianças e jovens têm habilidades para desestruturá-lo que vão além da imaginação. Quando um colega disser, com orgulho enorme, que "nunca teve problema com nenhum aluno", não acredite. Ele está mentindo. Sorria e vá se afastando aos poucos dessa pessoa. Só um desequilibrado pode pensar uma coisa dessas.

Mas voltando ao foco do capítulo: a avaliação é um momento para esquecer de todos os atritos. Se algum dia, um aluno que o irritou não atingiu a nota final por pouco, sempre prefira aprová-lo. Na dúvida, diz um ditado latino, devemos ser favoráveis ao réu. Um aluno que teve problemas comigo e não atingiu nota é alguém que, automaticamente, coloca em dúvida minha avaliação.

CHEGOU O DIA...

O dia da prova muda a relação professor/aluno. Ele estabelece bem quem é quem e quais os papéis de cada um. Pior: é o dia em que sua função policialesca será demandada por todos, alunos inclusive. Finalmente, quando você entregar a primeira prova corrigida, o processo estará completo. Você passou para o outro lado... Vamos destrinçar estas linhas indicadas até aqui.

PREPARANDO A PROVA

Elaborar uma avaliação exige muito cuidado. Nunca deve ser atividade rápida ou improvisada. Uma avaliação ruim pode implodir todo o esforço que você realizou ao longo do bimestre ou trimestre. É um momento que exige o máximo da sua capacidade profissional e sabedoria. Para ser prático, aqui vão indicações tópicas para preparar a avaliação. Veja quais se aplicam ao seu ambiente de trabalho.

1. Variar a forma. Toda avaliação mede um aspecto e pode favorecer ou não um tipo específico de habilidade mental. Avaliar sempre da mesma forma é limitar isso. É como se houvesse uma escola de Educação Física que trabalhasse apenas natação. Seria, no mínimo, limitado. Assim, se você fez uma prova sem consulta, experimente fazer uma com consulta. Fez uma avaliação com mais interpretação de textos, faça outra com mais imagens. Não hesite, onde for possível, em substituir a tradicional prova por uma apresentação oral. Perca o fetiche da prova de modelo comum. Utilize um trabalho ou até, em casos raros em que o número de alunos possibilite, uma entrevista com o professor. Toda avaliação é parcial. Variando, ao menos, você varia o foco da parcialidade.
2. Coloque as instruções essenciais na prova. Evite multiplicar avisos ou muitas instruções. Quanto mais instruções você colocar, mais os alunos encontrarão brechas nas ordens. Não multiplique o que não é o foco da prova. Mas não estabeleça instruções orais ditas quando está entregando as provas. Coloque por escrito. Tenha o costume de registrar quanto vale cada questão. Quanto mais transparentes forem os critérios, melhor.
3. Comece a prova com uma questão fácil ou algo mais lúdico. Isso dará confiança para seu aluno chegar aos temas mais complexos. Tome isso como um princípio. Precisamos que nosso aluno esteja o mais tranquilo possível para que ele coloque tudo o que sabe. Começar pelo mais fácil pode ajudar.
4. Calcule bem a quantidade de questões para o tempo da prova. Alguns entregarão em 10 minutos. Outros ficarão com a prova por 4 horas se houver este tempo. Pense numa média. Uma prova com poucas questões cobre pouco do que foi trabalhado. Uma prova imensa é cansativa. Adquira consciência de que, se você vai aplicar uma avaliação ao longo de uma aula de 50 minutos, consumirá quase 15 preparando a sala para a prova. Com

a experiência, você aprenderá que não importa o número de questões da prova nem o tempo que a turma dispõe, você terá de arrancar das mãos de um aluno ao final. Ah, e a propósito: será sempre o mesmo aluno. Uma criança ou um jovem levam mais tempo do que você imagina. Eles pegam a prova, observam de forma geral, depois colocam o nome com certa lentidão, pensam no número, distraem-se pela primeira vez, observam as instruções, distraem-se pela segunda vez, começam a responder a primeira, mordem a caneta, distraem-se de novo, riscam a resposta, chamam o professor para uma dúvida, obervam os colegas do lado para ver se já responderam muitas questões, mordem de novo a caneta, e assim vai. Por que falo isso? Porque você, professor, colocou quatro pequenas questões e pensou: cinco minutos para cada uma, tenho 50 de aula, o tempo é suficiente. Esse cálculo, que leva em conta apenas a quantidade das questões, é ingênuo.

5. Tranquiliza a você aplicar uma prova com mais de um modelo. Mas é um problema, pois nem sempre os modelos apresentam a mesma dificuldade. Cuide muito disso. Nessa hora, os alunos serão advogados examinando contratos com olhar de uma agudeza que você não imaginaria possível. E não se esqueça: se você aplicou uma prova no "segundo B" na primeira aula da manhã, ao entrar no "segundo E" duas horas depois, todos saberão de cor toda a prova que a turma anterior realizou. Leve isso em conta.

6. Difundiu-se um conceito chamado "prova operatória". De alguma forma, o Enem seria a concretização desse conceito, ao menos na intenção. Antes, dominavam as provas do patamar da memória, utilizando variações do verbo *identificar*. O futuro aponta para a habilidade mental e menos para a repetição. A prova deve trabalhar essa capacidade de elaborar pensamentos, abstrair, deduzir, comparar, criticar etc. O mundo que trabalha cada vez mais com informações prontas ao toque do teclado, tende a valorizar mais a capacidade crítica de avaliar essas informações do que reproduzi-las. Você é um professor que nasceu no século passado, assim como eu. Porém, lembre-se de que estamos formando gente para estar no mundo do futuro. Aposte no farol, não no retrovisor. Entenda a estrutura da sua área de

conhecimento. Entenda as habilidades fundamentais que justificam que o currículo inclua a sua disciplina e não outra. Fazer uma boa prova operatória implica conhecer a *epistemologia* da sua área, ou seja, a estrutura que gera o conhecimento e seus discursos de comprovação. Quem não conhece a fundo sua área acaba perguntando tudo que é secundário e aparente. Para usar um exemplo simples da matéria que eu trabalho: entender o conceito diversificado de *Revolução* e sua construção na História é muito mais importante do que definir um integrante do grupo chamado "pântano" na Revolução Francesa de 1789.

7. Ainda no campo da chamada prova operatória. Dialogue com suas aulas. Escreva na prova a experiência que você utilizou. Isso colabora para ambientar o aluno. Pense numa questão assim: "No início de abril, no laboratório da escola, utilizamos o papel tornassol para medir o pH de uma substância..." Ou então: "Quando lemos, no início do ano, um trecho de *Iracema*, de José de Alencar, identificamos que o romantismo brasileiro..." Pode parecer bobagem, mas esse pequeno diálogo ajuda a orientar o aluno para a aula e a dialogar com ela. A prova fica mais orgânica e, por consequência, mais "operatória". O sistema aparece mais equilibrado e alguns alunos, enfim, entendem que você tinha objetivos e que ele está no meio de um processo.

8. Seja intensamente claro no que você quer. Evite verbos vagos como "comente". Se você disser, numa prova, "comente o cubismo" e o aluno disser "não gostei", ele fez um comentário. Pense muito no verbo principal de cada questão. Ele vai determinar o sucesso da compreensão. Seria útil colocar o verbo central da questão em negrito e sublinhado.

9. Terminado o modelo de prova, releia várias vezes. Some para ver se os valores estão corretos. Revise a numeração. Reveja o português e a digitação. Erros em prova causam tumultos desnecessários. Se possível, ao terminar uma prova, deixe para relê-la no dia seguinte.

10. Entregou as provas para que sejam reproduzidas na escola? Ao recebê-las, confira tudo. Você vai ficar chocado com o número de vezes que folhas são grampeadas erradas ou faltam folhas no caderno de provas.

APLICANDO A AVALIAÇÃO

Organize a sala do jeito que você acha mais tranquilo para a prova. Separe carteiras se quiser. Faça com a máxima rapidez. Adote uma posição firme com o que você deseja. Separe os alunos que você acha que podem causar mais problemas. Afaste duplas que se notabilizam pela troca de informações. Quando as coisas estiverem em ordem, distribua as avaliações.

Se a prova é sem consulta, verifique antes quais os procedimentos da escola com fraude. Há estabelecimentos que indicam a punição dentro de uma norma fixa. Essas normas devem ser claras. Olhar para a prova do colega com insistência implica perda da prova e zero? Ter um papel com dados implica perda da prova e zero? Existe uma advertência prévia e zero na reincidência? Isso, muitas vezes, é estabelecido pela escola. Se não for assim, estabeleça os seus critérios e deixe-os claros para os alunos.

Jamais compactue com a fraude. O professor que ignora a cola pelos problemas políticos e pessoais de punir um fraudador colabora para o mundo do estelionato aberto e da impunidade que grassam entre nós. É um acinte à educação e à cidadania. Você não acredita que seu papel seja cuidar ou reprimir fraudes? Sem problemas: escolha avaliações de outro tipo. Mas nunca transmita a sensação de que tanto faz. Se você anunciou que a existência de papeizinhos auxiliares implica retirada da prova, cumpra essa regra e guarde o papelzinho apreendido. Com firmeza e sem humilhação, retire a prova. Preferencialmente, diga pouco ou nada. Não discuta durante a prova, pois atrapalhará os outros e, pior, será ocasião para muitos aproveitarem e colarem também.

Sempre haverá tentativas de burlar o sistema. Celulares, *smartphones*, aparelhos sonoros em geral e outros aumentaram a capacidade de trazer informações de diferentes fontes. Temos de nos atualizar a esse respeito.

Mas... hora de avaliar a avaliação. Se for possível "colar" todas as respostas da sua prova de um livro, o problema não está na ética cediça do aluno, mas na prova. Se for possível tirar nota máxima apenas copiando, é porque a prova está inteiramente repetitiva, não elabora reflexão e apresenta um defeito estrutural. Reflita sobre a fraude também, ela indica muito sobre a sua prova.

Parece ser um pacto secreto. Quando o professor senta para aplicar uma prova, os alunos entendem, por alguma tradição muito antiga, que é possível colar. O fundo da sala, de pé, é a posição mais estratégica para cuidar de uma prova. Circular um pouco ajuda. Lembre-se de que seus alunos são boas pessoas, mas costumam combinar antes da prova que um chamará o professor num canto com uma dúvida complexa, enquanto dez outros fazem algo ilícito. Existe uma regra quase sempre válida: os olhos do aluno mal-intencionado procurarão sua posição na sala. Aluno que o procura com insistência pelo seu olhar, saiba, pode ter um afeto especial pela sua figura, mas é bastante provável que esteja com intenções de fraude.

Volto a insistir. Se você não acredita em prova individual e sem consulta, se você jamais quer exercer esse papel de vigia, se lhe desagrada um dia ter de retirar uma prova de um aluno, não faça avaliações que impliquem isso. Mas jamais jogue um jogo em que eles percebam que você não está jogando a sério. Isso pode irritar bem mais do que a punição de um fraudador.

CORRIGINDO

Talvez seja a parte mais cansativa do magistério. Trazer 10 pacotes, de 50 provas cada um, para casa. Poucas funções têm tanto serviço fora do local de trabalho como a do professor. Cinquenta minutos de prova em uma turma podem significar, facilmente, quatro horas de correção em casa.

Você chega, coloca aqueles pacotes sobre a mesa, descansa um pouco e começa. Perdi a conta dos sábados à noite e dos domingos de madrugada que atravessei corrigindo coisas. Há um momento em que começamos a contar o número de provas que faltam. É quase sempre verdade que corrigimos com mais cuidado crítico as primeiras provas e com olhos mais rápidos a centésima. O que fazer?

Primeiro, saiba que há diferenças. Provas das áreas exatas são mais rápidas de serem corrigidas. Redações e provas dissertativas da área de humanas levam mais tempo. Faz parte da estrutura de cada área de conhecimento.

Tanto na área de exatas como na de humanas, convém fazer um gabarito muito preciso do que você espera. Para isso, leia algumas provas antes. Ao começar a corrigir, escolha uma mesma questão e corrija até o fim do pacote aquela questão. Não interrompa no meio. Anote, nas respostas, o máximo possível de indicações. Se for executável, escreva coisas pessoais do tipo: "Rafael, você poderia ter desenvolvido o conceito de ecologia que trabalhamos", ou "Daniela, faltou levar em conta o hidrogênio na equação", ou ainda "Teodoro: suas frases, na redação, não apresentam pontos finais ou vírgulas". Nem sempre é possível esse grau de cuidado, mas, se você puder, faz muita diferença. Jamais escreva coisas como "que absurdo" ou "NÃO!!!!!" com caneta vermelha e pontos de exclamação. São comentários inúteis e que não levam a uma reflexão sobre o erro.

Corrigir implica atenção, paciência e concentração. Cada pessoa desenvolve um sistema. Aprendi a pegar as provas assim que eu chegava em casa. Deixar para corrigir no domingo à noite causa, em mim, ansiedade. Não relaxo no sábado e no domingo porque ainda não corrigi. Ao corrigir na véspera da entrega, fico ainda mais tenso. Então, parei de "enrolar" e tomei como meta: o quanto antes é melhor. Mas não tem jeito. Haverá momentos em que o calendário de provas vai obrigá-lo a entrar fundo na madrugada. É um dos momentos ruins do magistério. Professores chegam rapidamente ao vício do café.

ENTREGANDO

Alunos são ansiosos com o resultado das provas. Saiba que eles perguntarão no dia seguinte se você já corrigiu todas e continuarão perguntando. Entregue o mais rápido possível.

O momento da entrega é um pouco delicado. Há alunos que rasgam a prova na sua frente. Outros, em gesto silencioso, pegam, olham com desdém, e colocam no lixo da sala. Tenha paciência. Cada um lida com o negativo e com o positivo da avaliação de um jeito. Não se abale. Não é com você. Não é pessoal.

Aproveite para comentar o que você esperava. Indique os critérios da correção. Torne o processo o mais transparente possível. É um direito dos alunos. Eu tive um colega que dava aulas de redação e, quando uma aluna perguntou o motivo de ter tirado a nota 7,0 (sete), ele soltou esta pérola: "porque você tem cara de sete". A frase correu como piada entre os professores. Todos concordávamos: a aluna tinha, de fato, cara de sete. Mas não é um critério válido.

Errou a soma das notas? Deu errado para uma questão que estava correta? Sem dramas: peça desculpas e pegue a prova de volta. Desfaça o erro e entregue novamente. Não ignore seu erro nem o prolongue como uma catástrofe.

Pode parecer bobagem, porém como meu público preferencial é o jovem professor: não se esqueça de anotar antes as notas das provas. Tente ter cópia de todas as listas de notas. Busque planilhas de computador para calcular médias. Tenha cópia física e cópia na memória do computador. É um desastre perder notas ou provas de uma turma. Tenha cuidado ao levar pacotes de provas para casa de praia, campo ou de outras pessoas.

OS CUIDADOS

Por vezes, eu acho que os professores somos a única categoria profissional na qual existem membros que se orgulham de ser incompetentes. Existem incompetentes em todas as áreas, da Medicina ao Senado da República. Mas, não consigo imaginar um profissional de outra área batendo no peito e se orgulhando de trabalhar mal ou errado. Vejamos.

Você concebe um médico dizendo aos colegas: "Eu não lavo mãos antes da cirurgia, acho uma bobagem."? Consegue supor um engenheiro afirmando: "Eu não faço cálculos para fazer uma ponte, tenho mais o que fazer na vida."? Não existe isso, ainda que engenheiros façam obras defeituosas e médicos matem pacientes por engano. Mas eles não se orgulham disso, pelo contrário.

Passei a vida ouvindo colegas se orgulhando de fazer provas de qualquer jeito. Outros não escondiam que corrigiam em plena sala de aula, quando não há concentração suficiente e ainda retira o tempo precioso de explicação de uma aula. Uma colega dava para outros alunos corrigirem a prova e ainda disfarçava com supremo cinismo que era um recurso pedagógico para reforçar o conhecimento. O mais gritante é que nenhum deles fazia isso como um desvio de caráter ou simples vagabundagem, mas comentavam em alto e bom som.

Há um pacto de mediocridade muito sinistro na educação. Se você for um péssimo professor, der aulas ruins, mas os resultados forem bons nas notas, os alunos ignorarão todos os seus defeitos, pois é melhor ficar com um medíocre que dá notas altas do que arriscar um bom profissional que possa rebaixá-las. Além dos alunos, infelizmente, esse pacto pode existir também com a própria escola: "Aquele professor não ensina muito, mas não dá trabalho... vamos mantê-lo lá."

Educar é bonito, no entanto exige esforço e pode doer por vezes. A prova é um desses momentos. Elaborar, aplicar, corrigir e devolver comentando é coisa para profissionais. Encare esse processo com a máxima seriedade. É possível que, em inúmeras ocasiões, contaminados pela sua seriedade, os alunos respondam também com seriedade. Mas não espere muito não. Faça porque deve ser feito, porque é uma demanda pessoal, profissional e política. Internalize essa ideia. Repita a todo momento e vá em frente. Não trabalhe para ser popular ou querido da turma. Lógico que você não deve trabalhar para ser antipático ou duro. Trabalhe para fazer um bom trabalho. Por vezes, isso incomoda, mas qual seria o sentido de estar lá na frente ensinando se não fosse para ser bom?

O DIA DO CONSELHO

O Conselho de Classe é um momento privilegiado da educação. Em tese e como ideal, é o instante de reunir todos os professores e oferecer a cada um uma visão do conjunto. Como todo ser humano é um universo complexo, eu tenho a chance de ver meu aluno a partir de diversos olhares. Em tese e como ideal...

Cada escola estabelece uma dinâmica para o Conselho de Classe. Há as mais técnicas, que passam rapidamente pelas turmas. Há conselhos muito demorados, em que cada detalhe desde a concepção biológica do aluno é lembrado. Cada escola apresenta uma cultura e uma prática. Observe atentamente antes e, se você for um novo professor, espere um pouco antes de falar muito.

Evite comentários que não traduzam um objetivo pedagógico. Seja ético com seus alunos ao ouvir e ao falar. Ao tomar conhecimento de questões pessoais, trate-as com muito respeito. Ao informar algo que possa ajudar na avaliação, estabeleça um padrão não crítico ou de julgamento moral. Você verá que, infelizmente, alguns colegas se referem aos alunos como "o vesgo do fundo", a "gorda da primeira fileira" ou o "drogadinho que chega atrasado". Sim, assim como os alunos, há professores que fazem esse tipo de coisa e são muito desrespeitosos com apelidos e classificações. Por achar isso ruim e pouco formador de caráter e cidadania, evite repetir gestos de crianças e adolescentes.

No Conselho há, além dos colegas, representantes da direção ou da mantenedora. Tenha cuidados políticos ao falar. Críticas públicas a procedimentos da escola pegam mal, exatamente porque o público magnifica tudo. Depoimentos abertos pejorativos são gravados com força na memória de quem decide os rumos da escola, inclusive sua manutenção nela. Pense seriamente que, além de avaliação de alunos, o Conselho é um momento de avaliação dos professores.

Pergunte muito. Obtenha informações para que sua decisão seja a mais justa possível. Ouça. Pondere. Afaste a passionalidade e vote com sua consciência. Por sua consciência não ser absoluta, você precisa ouvir todo mundo. Por sua consciência ser o seu valor moral mais importante, ao final, tome a decisão mais equilibrada possível.

Sempre e para encerrar: no caso de dúvida, absolva. Erre sempre pelo excesso de clemência. Reprove se necessário, mas que isso seja o mais consensual possível e nascido do desejo genuíno de que será melhor para o aluno. Não para a escola e nem para você, mas exclusivamente para o aluno. Na dúvida, absolva. É um erro médio aprovar quem não merece. É um erro gigantesco reprovar quem não merece.

Meu pai, que além de advogado foi professor de Latim, Português e Inglês por muitos anos, contava uma história a esse respeito. O fato ocorreu numa prova de segunda época, mecanismo antigo de avaliação em que o aluno fazia um exame final no período de férias. Após ter corrigido uma folha frente e verso de uma prova, havia uma seta que indicava: "continua na próxima folha". Não havia próxima folha. Meu pai a procurou muito e ela não existia. Todo professor sabe como é fácil perder uma folha entre centenas. Tomado pela reflexão sobre o melhor caminho, aplicou o princípio do Direito Romano: *in dubio pro reo* (Na dúvida, a favor do réu). Meu pai concedeu ao aluno os pontos que faltavam por não ter certeza se a resposta na folha suplementar eram ou não suficientes para a aprovação. O aluno foi aprovado.

Chegada a formatura, na hora de apertar a mão de cada aluno, meu pai, paraninfo, foi cumprimentado pelo referido aluno. Ao abraçar o professor naquele momento de alegria, o aluno teria dito: "Ainda procurando a folha, professor?" Sim, o aluno era um malandro que conseguira ludibriar meu pai.

O que eu quero dizer ao lembrar essa história do meu pai? Que o dr. Renato Karnal estava correto. Ele fez o que eu faria e tentarei sempre continuar fazendo. É melhor ser enganado por muitos do que uma única vez ter sido injusto. Ser professor também é estar disposto a esse papel. Na dúvida, sempre, absolva. Você será feito de bobo por vezes? Com toda certeza. Ainda defendo que ser um bobo movido por sentimento de ética e justiça é superior a ser um orgulhoso injusto que prefere sacrificar um inocente a colocar em risco seu orgulho. Há professores que preferem colocar em primeiro plano seu orgulho. Esses últimos são sempre e ao fim os únicos e definitivos imbecis.

* * *

FILMES
A onda (*The Wave*). Direção de Alex Grasshoff. EUA, 1981./ *A onda* (*Die Welle*). Direção de Dennis Gansel. Alemanha, 2008.

O autor de livros Tod Strasser, sob o pseudônimo Morthon Rue, escreveu uma obra para jovens chamada *A onda* (*The Wave*, 1981) baseada, com liberdade ficcional, numa experiência ocorrida numa escola em Palo Alto, Califórnia. No livro, um professor quer explicar a força da propaganda e do grupo para que os alunos entendam o que foi a experiência do nazismo. O tema gerou um documentário para a televisão feito por Alex Grasshoff. Em 2008, surgiu o filme alemão com o mesmo enredo: *Die Welle*, dirigido por Dennis Gansel. No filme alemão, como nas obras anteriores, os alunos vão sendo reunidos por um professor e sentindo a força de pertencer a um grupo com identidade clara e sentimento de união protetora. O experimento sai de controle porque a energia liberada é maior do que os objetivos puramente didáticos. É um momento interessante para refletir sobre o papel do professor, o papel da propaganda, a força da identidade e os riscos inerentes a tudo isso.

TECNOLOGIA E SALA DE AULA

Quando eu comecei a dar aulas, o *mimeógrafo* que utilizava álcool era um aparelho universal e todos aprendíamos a utilizá-lo para reproduzir textos e provas. Ao mesmo tempo, difundia-se o *retroprojetor*, aparelho que projetava transparências na parede. Chegou a ser tão utilizado que, dizia-se (talvez como piada) que alunos convidavam o retroprojetor para paraninfo nas formaturas. Havia sido quem mais tinha conversado com eles. Por anos, o projetor de *slides* marcou sua presença e, a partir dos anos 1980, cresceu a utilização de filmes em videocassete com fins didáticos, quase ao mesmo tempo em que o xérox substituía o mimeógrafo.

Há dois aspectos a considerar agora. Um foi a transformação do computador e da internet como recursos didáticos. Essa mudança é visível e importante. O outro, menos palpável, é a transformação na cabeça dos alunos e na maneira de aprender. Essa é mais importante ainda.

AINDA APOCALÍPTICOS E INTEGRADOS

A metáfora usada por Umberto Eco descreve as duas atitudes básicas diante da tecnologia. Uma refere-se aos apocalípticos, aqueles que lamentam o surgimento dos novos recursos e anunciam um declínio profundo e um fim próximo. Outra atitude está nos integrados, os que utilizam, aproveitam e vivem, com prazer, a tecnologia. Quase sempre, no magistério, essa linha é cronológica. Professores mais velhos apresentam mais dificuldades com certos recursos modernos e os mais jovens costumam ser integrados. Entre os alunos, nunca encontrei quem lamentasse as modernas tecnologias, mas apenas os que deploram não ter ainda o aparelho mais recente em mãos.

Como este livro foca em quem está começando a dar aula, suspeito que você, colega leitor, seja um integrado. Logo, não é necessário descrever ou defender qualquer novo recurso. Há um risco de você o utilizar mais e compreender melhor do que este autor.

Mas, a melancolia de um passado perfeito que nunca existiu, estará presente na sala dos professores e na direção das escolas. É quase uma atitude bizarra. Quem passou décadas utilizando giz e quadro, falará que, "naquele tempo" é que se dava aula. Saíamos, às vezes, cobertos com uma camada de pó de giz tão onipresente que parecíamos um objeto arqueológico escavado e trazido à luz após milênios numa tumba secreta. Provavelmente, quem diz a você que "naquele tempo" é que se dava aula, não tolera que você a dê sem ter passado por esse sofrimento paleolítico do giz. Essa lógica é como a do trote em universidades. Por que fazer? Porque fizeram comigo. Fecha-se o círculo de giz...

A confusão parece nascer sobre o papel da tecnologia. Máquinas não melhoram, em si, o conhecimento ou a criatividade. Dante não conheceu a imprensa, mas a *Divina Comédia* não parece sentir falta disto. Dante não escreve melhor ou pior do que Cervantes, que publicou seu Quixote pelo recurso moderno da impressão. Mas a imprensa foi poderoso instrumento de divulgação de obras e ideias. Com certeza, quando um obscuro alemão imprimiu uma coleção de Bíblias no século xv, deveria haver muito professor a torcer o nariz e dizer que agora tudo pioraria e ninguém mais praticaria a boa arte de ser copista. O fim dos manuscritos medievais deve ter sido lido por "apocalípticos" da época como o fim do conhecimento sério.

Toda tecnologia gera certo receio. Fundados ou não, esses medos costumam traduzir quem se formou no uso de determinadas ferramentas e vê o desaparecimento delas como o fim de uma época, e de si como usuário conhecedor das ferramentas. Afinal, se eu fiz datilografia e tenho diploma disso, como entender que ninguém mais faça e, pior, digitem ainda mais rápido do que eu?

Quando a caneta esferográfica surgiu no Brasil, alguns bancos resistiam que os cheques fossem feitos com elas, já que o poder dos bancos estava nas mãos de quem só utilizava canetas-tinteiro. Hoje, quando algumas escolas dos EUA abandonam os cadernos físicos e as canetas para utilizar apenas computadores pessoais, inclusive para alfabetização, um grupo grande pensa que se trata de um declínio e que essas crianças terão uma falta, um hiato, um déficit. Voltamos ao círculo de giz.

Sim, meu jovem colega, você conviverá muito com esses neoluditas. Os luditas eram operários revoltados com o surgimento das máquinas de tecer a vapor no fim do século xviii e no século xix. Acusavam as máquinas de causarem o desemprego e queriam impedir o drama que viviam quebrando as máquinas. Há neoluditas por todo lado hoje.

Ao lado desses apocalípticos e neoluditas, você encontrará variantes da "síndrome de Frankenstein": as pessoas que acham que, um dia, as máquinas nos destruirão e nos tornarão escravos de uma batedeira ou de um liquidificador. Como o ser-humano-monstro inventado por Mary Shelley, nossa criação virá contra nós.

Não preciso desenvolver muito essa resistência porque, provavelmente, você não a tem. E os outros? Bem, a morte tem um efeito muito renovador sobre a espécie humana. É só aguardar um pouco.

Mas há outro polo desse problema. São as pessoas que acreditam que o uso do computador em si; o acesso à rede mundial em si; cada aluno portando um *tablet* e uma lousa midiática garantem uma aula capaz, de novo em si, de produzir um bom aprendizado. Não! Definitivamente, não! Trata-se de uma fantasia ingênua e deslumbrada. Assim como há novos-ricos que imitam de forma ridícula os modos dos endinheirados mais antigos, há novos-cibernéticos que exibem com orgulho parafernálias como se fossem uma nova cornucópia da abundância.

Há algo que valia na Academia de Platão ou no Liceu de Aristóteles e vale hoje, no século XXI: uma boa aula é aquela que faz pensar, provoca reflexão e traz, com isso, uma nova percepção das coisas. Uma boa aula atinge seu objetivo, seduz e instiga. Uma boa aula diz, de forma clara e sintética, o que deve ser dito. O elemento central de uma boa aula envolve o conhecimento já formado (vocabulário, procedimentos, habilidades etc.) e sua interação com novos procedimentos do aluno. Uma boa aula transforma quem se envolve nela. Sempre é necessário repetir: uma boa aula não precisa de tecnologia. A tecnologia é uma ferramenta privilegiada, jamais o objetivo em si. O computador funciona como alavanca: move melhor a pedra pesada, mas o objetivo continua sendo mover a pedra.

Vou dar um exemplo numa área que não é a minha. Um dos objetivos do ensino da língua é despertar uma capacidade maior de expressão daquilo que eu quero dizer. Para isso, normalmente, os professores de Português estimulam boas leituras e produção de texto. A linguagem da internet fez surgir padrões novos de comunicação. Eliminação de vogais, abreviaturas, uso de onomatopeias, linguagens gráfico-concretas fazendo sorrisos com parênteses e pontos, entre outros.

Diante da emersão desse novo padrão, tenho certeza, muitos professores de Português torceram o nariz (eu também, creiam-me). Tornaram-se apocalípticos e comparam alunos ideais que liam *A Guerra da Gália*, de Júlio César, em latim, há 50 anos, com esse aluno que manda mensagens como "rs naum vi rs rs rs". Aquele seria o protótipo do humanista culto e refinado ao declinar o genitivo e o ablativo; este, uma escória analfabeta e imbecilizada pelo lixo tecnológico da modernidade. É uma oposição infeliz, ressentida e, acima de tudo, falsa.

O problema de simplesmente dizer não à forma de comunicação dos alunos é que se cria um ambiente dividido: existe o mundo real, vibrante e comunicativo, e existe a escola, que fala uma língua que ninguém mais usa. Reforça o estereótipo já forte nos jovens de que a escola é arcaica e inútil. Tomar um modelo do passado aperfeiçoado pela memória parece servir apenas para desacreditar o mundo atual, criar saudosistas e melancólicos e, acima de tudo, ignorar o aluno que está na nossa frente com necessidades e procedimentos distintos daquele que era corrente na era do vapor.

Ora, não se trata de o professor começar a dar aula utilizando a linguagem de um adolescente. Nada mais patético do que isso. Também não é o caso de tornar a sala de aula um simples espelho refletido do que se passa no mundo e negar à educação seu papel transformador. O professor que, simplesmente, quer reproduzir em sala o que há de mais recente, estimula uma sala a reboque e reforça que o mundo pertence à mídia e que ela deve transformar, cabendo à escola seguir automaticamente. É uma atitude empobrecedora do ensino. De todos os defeitos de uma aula, a opção pela mediocridade talvez seja o pior. Nunca se esqueçam: nenhuma aula pode concorrer com espetáculos televisivos. O *show business* sempre estará, em recursos e dinamismo, à frente do que eu posso fazer na minha sala.

Mas voltemos à língua. Eu posso fazer aquilo que não está nos objetivos da grande mídia. Posso fazer pensar. Ao invés de negar (atitude apocalíptica) ou de colocar a reboque (atitude de integrado), eu posso utilizar a meu favor e para meus objetivos. Exemplo: posso fornecer aos alunos uma declaração de amor clássica contida, por exemplo, num soneto de Camões. Ao lado, peço que eles criem a mesma ideia em linguagem de Twitter, com no máximo 140 caracteres, e que depois, comparem os 14 versos do soneto camoniano com o que escreveu. O que se ganha e o que se perde em cada expressão? Você pode lembrar aos alunos que assim como existe um padrão para o soneto de modelo clássico, o padrão do Twitter é uma herança do velho telex. Para manter o Twitter acessível aos celulares mais simples que comportavam apenas 160 caracteres num torpedo (140 + 20 para o nome do usuário), o Twitter manteve esse limite. Como o limite da versificação camoniana é o limite das sílabas poéticas, o limite do sms e do Twitter tem regras e estimula mudanças na linguagem. Se Olavo Bilac coloca *rubim* ao invés de *rubi* por motivos poéticos, o Twitter estimula *vc* em vez de *você*. Curiosamente, a forma mais sintética (apocopada) *vc* é uma tradição que nasce antes, quando *vossa mercê* já deu origem a *você*. A língua é viva e não parou com Camões. Como toda pessoa mais velha, desejaria que ela não parasse no sms também, mas isso apenas revela minha idade.

Dei um exemplo simples. Penso numa transformação maior. O acesso à internet e os recursos como a Wikipédia tornaram, positivamente, o velho modelo de trabalho de pesquisa mais ultrapassado ainda. Um professor que manda fazer um trabalho com as seguintes diretivas: "pesquise a origem do zero na história da matemática" ou "pesquise o feudalismo", está pedindo, indiretamente, que o aluno copie tudo da internet sem ter o trabalho de ler ao menos. Esses trabalhos descritivos e sem problemas já eram ultrapassados quando a minha geração retirava tudo da *Enciclopédia Barsa*. A internet apenas escancarou a inutilidade desse tipo de conhecimento.

Penso num trabalho de Biologia. O professor lança uma questão que pode interessar a jovens: refrigerante *light* e *diet* podem provocar câncer? Se ele apenas lançar essa questão como trabalho (que já é boa), ainda corre o risco de muitas cópias. Porém, ele pode pedir algo melhor: que argumentos, com quais pesquisas e comprovações, que evidência determinado site fornece para que essa questão seja respondida? Qual o duplo objetivo aqui? Um pode ser o mais estritamente biológico, o estudo sobre o que vem a ser o câncer. O outro é mais da estrutura do conhecimento: como se valida uma informação em biologia e qual o grau de confiabilidade de um site? Com isso, o professor estaria trabalhando um melhor uso das informações da internet e poderia demonstrar como teorias científicas e bem estudadas se misturam, na rede mundial, a teses alarmistas e histéricas. Ensinar o aluno a distinguir conhecimento científico de outros é algo muito importante e serve como ferramenta para o resto da vida.

O professor de Física pede aos alunos que acessem no You Tube cenas de desenhos animados que contrariam, por exemplo, a lei da gravidade. Pede que eles identifiquem princípios da Física clássica que o desenho esgarça ou ignora. Animais que perseguem outros e ficam parados no ar até que se deem conta de que estão sem chão; explosões barulhentas num espaço sideral onde não existe ar para que o som se propague, e assim por diante.

Por vezes, uma questão absurda, em si, estimula o pensamento e a criatividade. O Inferno seria endotérmico ou exotérmico? Como o Inferno poderia deter a entropia? A partir de uma premissa não tradicional, podemos estimular o aluno a ampliar, ao invés de repetir, o conhecimento.

O leque é infinito. Selecionar uma cena de transformação geológica para uma aula de Geografia. Escolher um grande artista recitando um poema para a aula de Redação. Mostrar uma cena de Olimpíada para testar um princípio de Física. Indicar quadros para a aula de Artes. Buscar grandes disputas esportivas para exemplificar regras na aula de Educação Física. Trazer um vídeo que ilustre a Revolução Industrial. Pegar uma animação que desenvolve um princípio de Geometria ou Matemática. Todos os campos do conhecimento podem ser estimulados. Mas sempre tenha presente: *use* o recurso, não apenas ilustre uma aula. *Trabalhe* o que aparece e tenha um plano para isso. Deixe claro que aquilo é uma ferramenta e que você é o professor que utiliza, não que serve ao computador. Restaure a primazia do humano sobre a máquina e, ao menos, ajudaremos a retardar o dia em que os liquidificadores se voltarão contra nós.

NÃO APENAS MÁQUINAS, MAS CÉREBROS

Até aqui falamos da internet como aliada do ensino. Mas há algo mais sutil a pensar numa educação para o século xxi. Utilizar ou não utilizar recursos midiáticos é apenas a parte menor do problema. Houve uma mudança estrutural na maneira de ver o mundo e de aprender.

Em primeiro lugar, ainda antes da onda computacional, o mundo mental dos alunos (e nosso também) é um mundo de imagens. Informações são acompanhadas de imagens. Jovens fotografam tudo e compartilham tudo. A noção burguesa de intimidade, criada após o declínio da aristocracia, deu lugar à vida exposta. Sempre nos fascinaram os signos abertos das imagens, mas, hoje, ver é absoluto.

As imagens, onipresentes, também ganharam velocidade. Elas não apenas estão lá, mas mudam a todo instante. Assim, transformou-se a capacidade e a tipologia da atenção. A média dos alunos simplesmente não consegue acompanhar uma longa explicação oral ou uma demorada demonstração de teorema. É uma questão estrutural.

Essa nova percepção provoca, geralmente, alunos muito rápidos na percepção das coisas, muito atentos à imagem e com dificuldades na concentração prolongada. Implica novas atitudes para educadores. Basicamente, duas novas atitudes seriam:

1. Dividir as partes de uma explicação em unidades menores, sintéticas e bem claras. De uma forma otimista, eu diria que um jovem tem 10 minutos (sei, sou superotimista) de atenção mais concentrada. Provavelmente, é um pouco menos do que essa minha avaliação. Então pense para uma boa e clara explicação que vá de 5 a 10 minutos. Feito isso, tome a atitude de recapitular, mostrar uma imagem, explorar outro recurso.
2. Utilizar, sempre que possível, recursos sensoriais como imagens e música. Escolha bem, trabalhe o recurso e utilize com objetividade. Imagens não são ilustrações: são parte do processo de aprendizado. Utilize-as para construir a explicação, não para colorir a aula.

Agora, de alguma forma, vou contradizer tudo o que eu vim dizendo. Insisti num novo mundo de percepção ao qual o professor não pode estar alheio. Defendi adaptações estruturais na maneira de conceber o ensino e a aprendizagem. Agora, preciso matizar tudo isso.

É verdade que os alunos são capazes de abrir várias "janelas" no computador ao mesmo tempo. Muitos focos marcam a maneira atual de acessar a rede mundial. Porém, isso não é algo que deva ser defendido ou imitado. Não é possível manter uma profunda atenção em oito janelas ao mesmo tempo. Posso ver ou abrir, mas não posso examinar nenhuma de verdade. Logo, apesar de existir essa tendência jovem de abrir muitas janelas, os professores devem estimular algo no sentido oposto. Devemos estimular a concentração. Devo levar em conta que meu aluno tem dificuldade com esse foco. Logo, devo partir desta realidade, mas não dirigir o ensino a ela. Há traços da cultura "internética" que devem ser combatidos. Navegar a esmo, acessar dezenas de sites em cinco minutos, abrir muitas janelas, ver vídeos e som e imagens ao mesmo tempo: isso é um processo mais hipnótico do que educativo. Seduz, de forma apática e com mais frequência, mais do que ensina ou desafia.

Importante ressaltar: meu aluno precisa saber que, sim, ele pode correr, chupar picolé, ouvir som, digitar torpedos e outras atividades ao mesmo tempo, mas isso aumentará a chance de tropeçar na corrida. Sim, podemos fazer muitas coisas simultaneamente, mas há um preço nesse esgarçamento. Um jovem de 14 anos pode fazer ainda mais do que o professor, mas não podemos ter atenção total em muitas coisas ao mesmo tempo. Logo, partir da realidade desfocada do meu aluno é muito importante, mas ficar nela como objeto e meta é um erro. Partir do aluno para chegar a um mundo mais desafiador. Essa parece ser uma boa meta. Eu posso e devo questionar a necessidade de ver mensagens a cada dois minutos. Eu posso e devo refletir sobre os limites da exposição pública nas redes sociais. Eu posso e devo ensinar que, por mais que o aluno considere um amigo virtual como um amigo mesmo, embora não saiba seu nome verdadeiro nem nunca o tenha encontrado, a amizade real e concreta continua existindo. Assumir a tecnologia como ferramenta não significa importar junto, no pacote, o que ela tem de ruim, limitado ou deformador.

Outra coisa já foi indicada. Ensinar a avaliar os dados, a ser crítico em relação aos sites, a pensar com seriedade a construção do conhecimento. Alfabetizar o aluno sobre os discursos da imagem. Mostrar que uma foto, um quadro ou um filme é uma escolha subjetiva, que traduz uma realidade subjetiva e a escolha de um autor, de uma companhia ou de uma rede. Indicar ao aluno como é fácil manipular imagens não apenas pelos óbvios recursos atuais, mas pela própria escolha de imagens. Essa é uma tarefa muito importante neste século XXI.

A coerência desta explicação é que a internet e os computadores não são elementos que devem ser evitados nem idolatrados. Desenvolvi, na primeira parte, como é importante utilizar a nosso favor esses recursos. Alertei como é perigoso colocar a escola como atrelada a esses recursos. Indiquei que cabe ao educador utilizar, com inteligência, todo esse universo, evitando demonizá-los ou divinizá-los. No fim, como sempre, restam as escolhas do professor tendo em vista o aluno.

UM CASO DE SUCESSO

Ele chegou a ganhar capa numa revista nacional como "o melhor professor do mundo". Título forte e, como todo título, alvo de debate entre as diversas torcidas. Mas, para quem ama ou odeia, sugiro a análise em detrimento da paixão.

Salman Khan nasceu nos EUA, com ascendência indiana. Seu site (http://www.khanacademy.org) recebe milhões de acessos por dia. Tudo é gratuito. As aulas cobrem quase todos os setores do conhecimento. Se preferir em português, já há muitas aulas em (http://www.fundacaolemann.org.br/khanportugues).

O enfoque do conteúdo não é revolucionário. Eu diria que é conservador. Os recursos são limitados. De onde vem o sucesso?

Eu acredito, primeiramente, que da ideia de uma aula acessível pela internet. Mas o mérito é a clareza direta, curta e objetiva. Alguns podem achar excessiva. Há uma explicação e essa explicação é dada em menos de dez minutos, geralmente menos. O enfoque é didático, claro e com exemplos. Este parece ser o maior mérito.

As aulas são um pouco do que eu queria demonstrar. Não é a internet em si que revoluciona, mas ele adaptou o conteúdo a uma percepção que, em última instância, vem do mundo do computador. Supera-se o fetiche do presencial, outro debate que daria um livro à parte. O acesso caseiro permite um ritmo adaptado a cada um. Há várias décadas houve a defesa do ensino "modular", com apostilas individuais e autoexplicativas. De alguma forma, ele adaptou essa ideia para a internet. O meio é novo, a renovação é um pouco mais velha e o enfoque é ainda mais velho. Porém, funciona muito. Despertou a atenção e o dinheiro de Bill Gates, o mago da Microsoft.

Assista e tire suas próprias conclusões. Esteja aberto para o novo, mas sempre munido do senso crítico. Volto a insistir: algumas aulas só com um professor e sua turma dentro de uma sala tradicional podem ser mais revolucionárias do que essas. O enfoque conservador do conteúdo continuará sendo arcaico em 3D, pela internet e com *softwares* de animação sofisticados. Nunca é tarde para lembrar que o Estado que mais insistiu na presença de tecnologia na sala de aula, com projetores de filme e outros "avanços", foi a Alemanha nazista.

★ ★ ★

FILME
O sorriso da Mona Lisa (*Mona Lisa Smile*). Direção de Mike Newell.
EUA, 2003.

Julia Roberts interpreta uma professora de Artes (Katherine Ann Watson) que chega a uma escola feminina muito tradicional, o famoso Wellesley College. Para os padrões da década de 1950, a utilização de *slides* em todas as aulas é muito inovadora. Porém, a sofisticação e a eficiência da escola escondem um projeto reacionário. A escola é para que as jovens se preparem para serem donas de casa, sem outra perspectiva além de cuidar da família e do marido. As aulas e tudo o mais se voltam a um objetivo: adaptar as meninas ao seu papel "sagrado". Após ficar impressionada com a eficácia daquele mundo, a professora vai se rebelando. Utiliza uma imagem de carne esquartejada de Chaim Soutine para questionar o padrão estético das alunas. Finalmente, leva-as a uma obra recente de Jackson Pollok e surpreende suas discípulas com um novo padrão de pensamento. É curioso como as alunas ficam mais atentas e são mais abertas à transformação quando a professora abandona a tecnologia de ponta (no caso, o *slide*). A partir das aulas de Artes, a professora inicia um processo, algo traumático, de questionamento dos padrões vigentes.

Você já deve ter percebido que uma fascinação do cinema estadunidense é colocar professores carismáticos em cena que desestruturam um mundo ordenado e abrem novas perspectivas. São professores revolucionários, mas no padrão como os americanos médios entendem revolução: libertação psicológica e íntima, jamais social. São revoluções individuais, não francesas ou russas. Implicam abrir-se para si e não para o outro, necessariamente.

O mais rico no debate sobre esses filmes é que nossos alunos já são excessivamente abertos para si e pouco inclinados aos valores vigentes. A sociedade calvinista de horários e deveres é o que o professor dos filmes dos EUA deve enfrentar. Já me surpreendi várias vezes desejando mais aquela turma comportada e quadrada do início de *O sorriso da Mona Lisa* ou de *Sociedade dos Poetas Mortos* do que revolucionários abertos ao novo. Professores ficcionais como a Julia Roberts deste filme libertavam seus alunos fazendo-os sair da escola. Seria demais sonhar no Brasil que nossos alunos entrassem na escola?

DISCIPLINA
por Rose Karnal

Decidi ser professora aos 5 anos de idade.

Adorava dar aulas para as bonecas, que permaneciam sentadas, quietas e nada questionavam.

Uma admirável sala de aula sem barulho, sem reclamações, sem desafios e muito menos conflitos. O tempo passava rápido e tudo era muito prazeroso para mim. Que maravilha!, pensava comigo mesma... É isso que eu quero ser quando "crescer": professora.

Um pouco depois, passei a exercer o magistério com alunos reais: meus irmãos mais novos (pobre deles!) e uma vizinha mais "velha" (lembro-me de que ela tinha 7 anos na época). Igualmente, a sala de aula lúdica era surpreendente: eles obedeciam e faziam os exercícios.

O tempo passou, os 5 anos ficaram vivos em minha memória, mas a vontade de "dar aula" para crianças permanecia intensa dentro de mim.

Estudei, fiz o curso Normal (assim era chamado naquela época) e continuava encantada com o exercício docente: sabia que apareceriam alguns obstáculos, no entanto. "A missão era algo muito maior, uma verdadeira vocação para os que a abraçavam", dizia para as colegas.

Depois de estudos, trabalhos, leituras, inúmeros planos de aula, desenhos, apresentação de resenhas, recolhimento de todo tipo de material (lata, papel, garrafas, lã, tampinhas, figurinhas... haja espaço para guardar tanta coisa!), de seminários, substituições na própria instituição ou em escolas da periferia, chegou a fatídica hora do estágio supervisionado de seis meses. Um turbilhão de emoções tomou conta de *todos* nós (sim, havia um representante do sexo masculino na turma). Estágio?? Já??? Sim, era o momento de mostrarmos que a teoria aprendida ao longo de três anos seria, finalmente, aplicada na prática. (O que nós não sabíamos era que a teoria nem sempre é condizente com a práxis.)

O início do estágio era iminente, as dores no corpo se intensificavam a cada dia (garganta, coração, estômago...), mais e mais materiais concretos para levar no "primeiro dia", planos coloridos, dinâmicos e interativos... tudo estava sedimentado com a certeza de que o melhor tinha sido feito. E o mais importante nessa situação: *tudo daria certo!* (Pelo menos, era o esperado.)

Ufa, o sabor de dever cumprido pairava na atmosfera domiciliar!

Qual não foi a minha surpresa, ao chegar à série determinada para a minha atuação, constatar que os alunos não me queriam ali e que desejavam a volta da outra estagiária que havia dado aula para eles no primeiro semestre.

A primeira frase que ouvi foi: "Quando você vai embora?" E continuaram: "A outra professora era legal! Por que ela não ficou com a gente?"

Hoje, certamente, reagiria diferente, mas naquele dia foi bastante frustrante concluir que minha presença não era benquista ali.

Pensei em todos os planos caprichados e elaborados com tanto cuidado; lembrei-me do material confeccionado durante o tempo do curso; das teorias estudadas; da importância da postura do professor diante dos desafios, porém era bem jovem e, apesar de inúmeras substituições durante os anos de magistério, ainda bastante inexperiente.

Conversei com os alunos, expliquei que cada pessoa tinha um jeito de dar aula e que era muito importante respeitar isso, pois eles ainda teriam vários professores ao longo da trajetória escolar. Salientei, também, que nesse modo peculiar de cada um se manifestar em relação à forma de aprender, fazia com que pensássemos diferente, e isso era a oportunidade de conhecermos outras óticas, novos rumos e perspectivas do assunto. Enfim, tudo pode ser crescimento, mas precisamos estar dispostos a fazer essa viagem de construção.

Falei isso e os problemas se resolveram? Que nada! Eles me olharam e disseram que preferiam que a outra professora voltasse imediatamente.

Eu não fazia ideia, no entanto, que o caminho seria longo, muito longo.

Para mostrar que não desejavam a minha presença na turma, conversavam sem parar, caminhavam pela sala a todo instante, não queriam realizar as atividades propostas (e preparadas com todo o cuidado), olhavam com desdém para o material trazido... Resumindo: não me queriam ali!

Como não adiantava ficar no patamar das lamentações, o jeito foi sair em busca de alternativas. As visitas das supervisoras aconteceriam mais cedo ou mais tarde, então haveria muito trabalho pela frente.

Depois do sinal para o término da aula no primeiro dia, reuni minhas coisas e fui embora chorando. Sensação concreta de fracasso e de impotência. Fiquei pensando, pelo caminho, "que não tinha nascido para ser professora". Precisava achar logo outra profissão, pois esta não era para mim. Ao mesmo tempo, desistir de um projeto logo no início, parecia não combinar com os sonhos traçados por tanto tempo.

A turma não me desejava lá, isso era fato notório, incomodavam a todo instante, reclamavam por qualquer coisa, eu estava ansiosa, era inexperiente... O que fazer então?

No meu caso, a primeira providência foi continuar trabalhando apesar das "caras feias" e da pouca receptividade às atividades diárias.

Aprendi, com o passar dos anos, que a disciplina em sala de aula é uma conquista diária e também uma repetição de pequenas ações imprescindíveis para que se tenha um clima tranquilo de aprendizagem. A primeira premissa, nesse contexto, talvez seja o próprio conceito da palavra. O que eu entendo por disciplina? Silêncio absoluto? Ordens cumpridas rapidamente? Obediência ao professor? Ninguém pedindo para sair da sala? O que fazer quando tudo parece perdido?

Como não há um único caminho a percorrer, vamos por partes...

Quando eu era aluna das séries iniciais, bastava o professor entrar no recinto, que a turma inteira ficava quieta. Quem "ousasse" dizer alguma palavra diferente de "bom-dia!" não era visto com bons olhos pelos próprios colegas. Hoje, as coisas são diferentes, outra época, outro contexto, porém o quesito *respeito* não sai de moda, independentemente do teórico que surgir ou das descobertas espetaculares que o ser humano for capaz de fazer.

Há muita diferença entre *ser* autoritário e *ter* autoridade. O aluno precisa perceber essa distinção e reconhecê-la na figura do professor. A legitimação da autoridade só ocorre se há uma intensa energia e disposição investidas nisso, coerência constante entre o que é dito e as ações provenientes desse discurso. Ela deve fazer parte da vida do professor, caso contrário, nos perderemos no percurso, ficaremos sem norte. Como estou há muito tempo dentro da sala de aula, já observei colegas que, em uma tentativa de aproximação com os alunos, usam as suas gírias, comportam-se como tal, apropriam-se de uma linguagem gestual tipicamente juvenil com o intuito de sentir-se aceito e querido pelos alunos. É importante lembrar que não somos *mais um* na turma, somos o *professor*, alguém que se preparou (e ainda continua nesse processo) para isso, que escolheu livremente essa profissão (ou não) e que tem a autoridade para exercer seu trabalho. Não sou contra a aproximação com o aluno, ela é benéfica, pode ajudar na aprendizagem, desde que eu me aproxime como professor e com toda a dimensão que o nosso papel possui: colaboramos intensamente para a transformação do aluno em cidadãos que podem fazer a diferença na sociedade. E, certamente, diremos isso com *autoridade...*

Outro aspecto importante referente à disciplina é que o aluno está atento aos detalhes, aos fatos que passam imperceptíveis aos nossos olhos, maximizam-se na ótica discente. Então, por mais simplório que possa parecer, ao proferir que *"da próxima vez, você receberá uma punição"*, seja ela qual for segundo as normas escolares de cada instituição, essa deverá, realmente, acontecer. Se ficar na ameaça não realizada, rápidos nas conexões neurais como são, perceberão que a alocução é infrutífera e, imediatamente, associarão ao não cumprir da promessa. Resultado previsível: não acreditarão mais nos seguintes prenúncios, farão de novo e provocarão tumulto.

No início do ano, principalmente se você for um professor novo na escola, é bom lembrar que aluno adora "teste"... Hein? Como assim? Bem, não o exercício de avaliação, mas aquele que eles fazem com os professores. Aí está um momento crucial que funcionará como um divisor de águas em seu espaço de trabalho: ou você será "reprovado", ou seja, cairá nos engenhosos artifícios articulados para a distração da turma (causando a indisciplina), ou será "aprovado", revelando sua maturidade profissional, reduzindo o impacto disso de forma considerável. Porém, com toda a experiência que se possa ter, a criatividade dos alunos é impressionante e, mesmo os mais "antigos", acabam sendo "reprovados" algumas vezes. Caso isso aconteça com você, tente levar o foco para outra instância, a fim de que o tumulto causado pelo grupo não acabe com a sequência da aula. Se for algo de procedência grave, as sanções cabíveis devem entrar em cena. Ignorar o acontecido não é prudente. Assim como é inaceitável qualquer tipo de violência ao professor e/ao aluno. Acompanhamos, através da televisão, redes sociais, jornais, a ocorrência de inúmeros atos de verdadeira tirania em relação ao outro, e não podemos permanecer calados diante disso. Se for o caso, busque ajuda na escola, na comunidade, em outros órgãos públicos, mas não receba, com naturalidade, essas ações.

Sou da opinião que não se deve deixar passar as coisas pequenas, para não surgir a necessidade de se corrigirem as grandes no futuro. Transportando para o dia a dia, se ignorarmos a prática da observação em nossos alunos, contribuiremos, mesmo que indiretamente, para o surgimento da indisciplina. Se estamos atentos ao que acontece durante os períodos de aula, passamos mensagens subliminares, tais como: "estou presente aqui", "faço parte desse momento", "você(s) também faz(em) parte desse momento", entre outras. Não significa que precisamos assumir a postura de um integrante do seriado norte-americano sobre investigações policiais CSI (*Crime Scene Investigation*), procurando minudências a fim de detectar *o culpado* pelo início da desordem, muito menos chamar a atenção repetidamente. Às vezes, não falar fala mais do que a própria fala. O olhar do educador exprime muito, porém, se este vier acompanhado de raiva, será recebido da mesma forma pelo outro. Difícil, não? Relações, de modo geral, são exigentes, pois prescindimos sair da zona preferencial de conforto e aí principiam os conflitos. O conflito pode, certamente, ser uma oportunidade de verificar o problema e/ou dificuldade sob outro ângulo, mas a vida diária nos leva ao estresse por diversos fatores, somos humanos, portanto erramos mesmo não desejando ou trabalhando intensamente para que isso não aconteça.

Resgatar a disciplina em sala de aula é um exercício que "reclama" nossa presença afetiva, nosso tom firme de voz e o bom-senso nas decisões imediatas. Para isso acontecer, lembremo-nos de que todos têm direito à apropriação do conhecimento em um ambiente adequado para esse fim, independentemente se a escola é pública ou privada. Não estou sozinho no mundo, nesse caso, respeitar as pessoas que compõem a escola, bem como o espaço destinado a esse fim, sintetizam a extensão desse preceito. Escola deveria ser esse lugar para a *construção* e *vivência* de experiências e valores significativos.

Inúmeras situações complexas acompanham o cotidiano escolar, desde a falta de materiais, número de alunos por turma, falta de motivação, violência verbal ou física, a indisciplina... Sabemos como funciona a sala de aula... Se você possui um ano de experiência docente ou muito mais, já teve a sensação de ter uma classe inteira o observando, analisando sua metodologia, seu jeito de falar, a indumentária escolhida para o dia, seus movimentos airosos (ou não) diante do grupo. A sua determinação ao entrar na turma (no primeiro ou no último período) será facilmente constatada pelos alunos. Em síntese, se a turma está desorganizada, desmotivada, inquieta e nós mergulhamos nessa sintonia homogênea, certamente a indisciplina surgirá com uma velocidade impetuosa. Para que ocorra uma reversão favorável, urge que nossa postura e vontade sejam diferentes da observada na da sala de aula. Com o dinamismo e a energia do professor, a "quebra" do marasmo acontece, o que é bastante significativo para o fortalecimento da disciplina, pois apareceram elementos diferenciados nesse contexto. Se o resultado obtido nessa etapa for positivo, a continuidade do trabalho exige propostas que desafiem o aluno, que o levem a pensar e buscar soluções. Nem sempre conseguiremos maravilhosos planejamentos diários ou que provoquem, de imediato, o gosto pela descoberta do conhecimento, no entanto, aí reside um ponto vital e que não pode ser esquecido: existe o desafio para o aluno e para nós, professores, também. A disciplina talvez, hoje, mereça um olhar mais atento e cuidadoso por parte de todos, visto que a mídia anuncia, constantemente, casos e mais casos de problemas referentes ao tema deste capítulo por todos os cantos do Brasil.

Se o seu desejo for, como o da maioria dos colegas, exercer seu ofício com uma turma disciplinada, prepare-se: você terá muito, mas muito trabalho pela frente.

Vamos recapitular um pouco: você é professor, estudou, preparou-se para esse fim, já constatou que a disciplina é importante para o andamento das atividades, também já pôde vivenciar algumas situações não agradáveis com alunos e/ou a turma, já teve vontade de sair correndo da sala e nunca mais voltar, já organizou uma aula sensacional (e "perdeu" muito tempo com isso) que não surtiu efeito algum, além do tédio exalado pelos inquietos estudantes.

Você conseguiu observar, também, dentro da proposição deste capítulo, que alguns de seus colegas conseguem conviver com mais "barulho e indisciplina" do que outros. Há certo e errado, então? Alguns são mais "durões" e os alunos fazem aquilo que lhes é solicitado? Não é bem assim...

Certas disciplinas, de acordo com sua especificidade, contribuem para que a aula seja mais "movimentada", causando, *a priori*, mais ruídos, deslocamentos, como é o caso da Educação Física. Difícil imaginá-la em completo silêncio... Existe, no entanto, o "barulho produtivo e contextualizado", que ocorre, principalmente, quando os alunos se reúnem em grupos, discutem suas ideias, elaboram algum tipo de material, socializam informações e questionam o professor. Quem passa pelo corredor e vê essa atividade, tem a impressão de que tudo não passa de caos; porém, para quem planejou, acompanhou o desenvolvimento e, ao mesmo tempo, está avaliando sua turma, tem a convicção de que esse "caos" é criativo e criador de novas interpretações para as questões apresentadas. O professor, nesse tipo de proposta, precisa estar ainda mais atento e presente junto à turma (por essa razão, o trabalho em grupo é uma das atividades que mais exigem do professor). Pode ser caos para quem vê do lado de fora, mas é uma elaboração conjunta e viva de muita aprendizagem.

Uma dica que uso há bastante tempo e que, por mais simples que possa parecer, dá certo, é reservar um tempo para organizar a sala. Fica mais agradável trabalhar quando há um mínimo de organização. Se tudo está de qualquer jeito, acaba acomodando o nosso olhar em relação ao ambiente, favorecendo o surgimento da indisciplina.

Procuro, ao preparar as aulas da semana, elaborar atividades a mais, para evitar sua criação repentina durante os períodos. Isso não significa que o professor não possa apresentar questões propostas a partir de um acontecimento peculiar na turma ou reforçar, naquele momento, determinado conteúdo que não foi bem entendido pelo aluno. No entanto, se só utilizamos essa maneira de agir, há possibilidade de não vir logo à tona um esboço daquilo que desejamos fazer... E aí a turma sente o impasse, e a indisciplina surge volátil e instantaneamente.

Outra questão que devemos levar em conta é a grande diferença de ritmos produtivos em uma série: existem alunos muito rápidos;

outros, nem tanto. Quem termina suas tarefas, não gosta de ficar parado, sem fazer nada. E, quando o aluno está ocioso, começa a pensar em alternativas para preencher esse "vazio" temporal.

Mesmo que sua escola tenha poucos recursos materiais, pode-se organizar uma caixa (ou estante, se for possível) com livros (doados, angariados com amigos, vizinhos...), revistas, jornais, fichas com artigos, reportagens, poesias para uso coletivo. Ocupar o aluno com outra tarefa vai ajudá-lo na disciplina com a turma. Há necessidade de cuidado, também, quanto à orientação para o uso desse recurso: as atividades planejadas pelo professor devem ser concluídas, para depois servir-se daquilo que está disponível ao grupo. Pode ocorrer dos alunos mais lentos não conseguirem ter acesso ao material, pois, devido ao seu ritmo, não terminam as tarefas em tempo hábil. Então, cabe a você, em outra oportunidade (final do mês/bimestre/trimestre), oferecer uma parte da aula para que todos possam desfrutar do prazer da leitura.

FIZ O POSSÍVEL, MAS *ESTE ALUNO...*

Não conheço nenhum professor que não tenha encontrado, em alguma série ou escola, um (ou mais) aluno(s) difícil(ceis) de conviver. Se começamos a falar com profissionais dessa área, sempre há um caso complicado para relatar, um colega que "quase" enlouqueceu quando deu aula para "aquele anjinho", outro que soltou fogos de artifício ao saber que o referido aluno pediu transferência para uma escola bem distante da sua... Há tantas histórias que dariam vários e vários livros.

O fato assume um contorno particularizado quando *este aluno* está no caderno de chamada, fará parte da sua turma durante todo o ano letivo e você, gostando ou não, será professor dele.

Existem infindáveis causas para justificar ou entender determinados comportamentos indisciplinados na sala de aula. A questão é distinguir o que nos compete no espaço escolar. Não podemos dar diagnósticos, sugerir remédios e/ou indicar terapias. Isso é da alçada de outros profissionais. Precisamos trabalhar com a criança ou jovem que está à nossa frente. Uma coisa é indiscutível: quanto mais indisciplinado um aluno for, mais ele necessitará de nossa atenção. Às vezes, o simples movimento de se colocar à disposição para ouvi-lo ou para lhe ajudar em exercícios mais complexos faz baixar a posição defensiva que ele assume na maioria das aulas.

O elogio, sem dissimulação ou disfarce, dado em uma circunstância específica, auxilia muito no fortalecimento da autoestima do aluno indisciplinado, quando você observar a necessidade disso. Erroneamente, avaliamos que o "bagunceiro", aquele do "fundão" que está rindo à toa, acredita muito em si e não precisa de nenhum incentivo. Em diversas ocasiões do exercício do magistério, pude observar que esse aluno estava fazendo muito barulho para que ninguém se aproximasse dele. A mensagem passada era: "Eu me basto!". Quando conseguimos chegar mais perto, conhecê-lo melhor, constataremos grandes surpresas. E, quem sabe, mudanças...

Certa vez, tive um aluno bastante difícil, pois vivia sorrindo para os professores (e aprontando...), conquistando as meninas da turma com galanteios e enaltecendo as qualidades dos meninos. Era complicada a repreensão, pois a turma o tinha no mais alto conceito de idolatria; então, ao adverti-lo por algum motivo, eles vinham tirar satisfações com o professor. "Por que você está pegando no pé do Fulano? Ele é tão legal!" Eu ficava com raiva da situação, no entanto, não encontrava um jeito de "quebrar" as alianças. Resolvi, então, construir o caminho inverso: aproximei-me, gradativamente, dos melhores amigos dele. Fui conversando com um, com outro, solicitei a opinião em debates e seminários, valorizei as ações adequadas em sala de aula, incentivei-os para que melhorassem as notas no trimestre... Passado certo tempo, no quinto período de uma sexta-feira, esse aluno começou a atrapalhar a aula e, quando eu pensei em tomar uma providência, um de seus grandes amigos falou bem alto: "Cara, a professora tá falando!". A turma toda parou e olhou para quem estava dizendo a frase. Tentei fazer *cara de paisagem*, e ia me pronunciar, quando outro colega continuou: "Depois a gente conversa, agora não vai dar!" E prossegui a aula, com a turma colaborando e participando das propostas. Os colegas terem chamado a sua atenção calou mais fundo do que todas as vezes em que tive de parar uma explicação para fazer isso.

Minha experiência com várias turmas, de diferentes níveis, ensinou-me que não há um "segredo" ou "toque mágico" para resolver os problemas disciplinares: o que funciona com determinado aluno (ou turma) pode ser desastroso com outro. O que vale é o *bom-senso*. E uma grande dose de humildade quando extrapolamos nos xingamentos ou em acusações inverídicas. Reconhecer o erro é um dos sinais de maturidade do bom professor.

Um médico me falou, durante uma consulta de rotina, que alguns de seus colegas prescreviam a medicação mais forte para o paciente, a fim de que seu mal fosse logo sanado. Porém, acrescentou: "Se já começamos com a última etapa, perdemos a chance de resolver o problema com algo mais brando." Assim é na dinâmica da escola: se colocamos um aluno para fora da sala na primeira semana de aula, o que vamos fazer em outubro? Claro que, dependendo da gravidade do ato cometido, ele não pode permanecer no recinto, mas começar por essa estratégia não me parece o mais adequado.

Certamente, o problema da disciplina não vai terminar nas escolas. Ouvimos relatos a respeito de acontecimentos graves e violentos ocorridos entre alunos e professores: "Como isso foi acontecer?" Muito dessa problemática ultrapassa os muros da instituição, está além de nós a solução possível. Por maior que seja a nossa dedicação, não conseguiremos atingir alguns alunos (infelizmente). E posso lhes garantir, por experiência de longos anos, a sensação que paira no ar, quando um aluno sai da escola ou desiste de estudar, é de fracasso. Todavia, existem inúmeros outros que estão diante de nós e que precisam da nossa presença, atenção e, por que não, de que acreditemos na mudança, o que torna o professor um profissional ímpar em sua função.

Podemos observar, nas escolas pelas quais passamos, que alguns professores são extremamente carismáticos, conquistam os alunos já na primeira aula. Parecem que têm o dom de encantar a plateia discente. Essa habilidade especial para interagir com crianças e/ou adolescentes não é inerente a todos. Já observei colegas prepararem "aquela aula" (isso aconteceu várias vezes comigo também), com material e recursos diversificados, e os alunos não se sentirem "contagiados" pelo mestre. E conversaram, fizeram perguntas sem pertinência com o assunto tratado, frustrando aquele que se capacitou para isso, ao mesmo tempo que impediu a turma de debater e aprender o novo conteúdo.

Ter carisma favorece a consolidação da disciplina, pois a impressão que passa aos demais é que esse professor possui, acoplado em seu universo interior, todos os itens apropriados para uma aula que motive e desafie o aluno: conhecimento; tom de voz adequado; sensibilidade; capacidade de observação; afeto; firmeza para sustentar as decisões tomadas; liderança. Além disso, o bom professor também sabe ouvir; respeita o outro porque também quer isso para si; tem bom humor (nem sempre é possível...) e *gosta* do que faz. Talvez, um dos grandes segredos na escolha de uma profissão nasça dessa premissa: fazer o que se gosta. E quem gosta, *não* desiste, pode até cansar, mas vai à luta. Recomeça se for preciso, a cada dia. Dá passos lentos como as tardes mormacentas de um verão escaldante. Reflete, ensimesmado nas manhãs nubladas de inverno, a trajetória feita nos meses letivos. Planeja, projeta, traça probabilidades pedagógicas em noites chuvosas do outono. E renasce através de seus sonhos, assim como o despertar das flores na primavera. Precisamos (e muito!) de mais professores acreditando que é possível sonhar com uma educação de qualidade. Precisamos de mais professores trabalhando com salários justos e dignos. Precisamos de mais professores que continuem se sensibilizando com a dificuldade de aprendizagem de alguns alunos. Precisamos, genuinamente, de mais professores!

Antes de concluir este capítulo, retomo alguns dos fundamentos essenciais para que se estruture a disciplina em sala de aula:

a) Ter em mente a clareza de seu papel: você é *o professor* e deve ter autoridade.

b) Sou um professor, logo, sou humano e posso errar. Reconhecer nossas limitações é direção certeira para o crescimento profissional.

c) Quando estiver na sala de aula ou em outro local com alunos, esteja inteiramente ali. Observe, reavalie, preste atenção nos sinais dados a todo momento pela turma.

d) Tecnologia, ambientes diferentes, material diversificado ajudam a tornar as atividades mais atraentes e motivadoras, porém, o fio condutor dessa mistura toda é o professor.

e) Ritmos diferentes na turma: tenha algum material para oferecer aos alunos que concluem suas tarefas à frente dos demais.

f) Procure não esgotar o "arsenal de sanções" imediatamente, pois o ano letivo não termina no mês de maio...

g) Não seja, de forma alguma, conivente com a violência (verbal ou física), com debôches ou humilhações. Se a situação está difícil, busque auxílio rapidamente. Desenvolva parceria com os colegas, socialize suas angústias com os profissionais da escola, não tente resolver tudo sozinho.

h) Toda pessoa gosta de elogio. Se você pratica o exercício da observação com seu aluno, descobrirá qual a melhor ocasião para fazer isso (principalmente se ele vier demonstrando crescimento), sem superficialidade nem demérito para os demais.

i) Evite comparações de qualquer espécie: "Esta é a pior turma da escola"; "Nunca tive uma turma assim, que não vai para a frente!"; "Você é igual ao seu irmão!". O efeito, com esse tipo de comentário, geralmente é avassalador, pois reforça a parte negativa e desperta, em muitas circunstâncias, um certo ímpeto no aluno e/ou turma, ratificando, assim, sua "profecia" derradeira.

j) Organize a sala antes da entrada da turma. Um ambiente agradável ajuda a manter a disciplina. Às vezes, perder esse tempo é, na verdade, ganhá-lo mais adiante...

k) Mesmo na segunda-feira de manhã ou na sexta-feira à noite, um toque de bom humor irá auxiliá-lo a conquistar a disciplina, pois existe naquilo que realizamos com o mínimo de alegria que seja a extraordinária possibilidade de cativar seus alunos e a aula fica mais leve e agradável.

l) Não desista!

E para finalizar, transcrevo um texto bastante significativo, do mineiro Carlos Drummond de Andrade, do qual gosto muito:

> "Doze meses dão para qualquer ser humano se cansar e entregar os pontos. Aí entra o milagre da renovação e tudo começa outra vez, com outro número e outra vontade de acreditar que daqui pra diante vai ser diferente."

★ ★ ★

FILME
Escritores da liberdade (Freedom Writers). Direção de Richard La Gravenese. EUA, 2007.

Este filme é baseado em uma história real, talvez, similar à nossa ou a de tantos outros colegas espalhados por inúmeros lugares do país.

Erin Gruwell é uma professora cheia de ideais e projetos que vai ensinar Língua Inglesa e Literatura para uma turma de ensino médio de uma instituição pública.

Os alunos representam um universo de violência, rejeições, ausência da família, poucas condições econômicas, sofrem preconceito por parte dos colegas e professores, são indisciplinados, não querem "nada com nada"...

Ela quebra vários paradigmas, propõe atividades diferenciadas, luta pela permanência de seus alunos na escola, é firme nas combinações estabelecidas e, em nenhum momento do percurso escolar, desiste de seus alunos.

Erin acaba cativando os jovens e ganha, de quebra, o olhar crítico e invejoso da maioria de seus colegas.

Sua batalha pela aprendizagem significativa, o acreditar na capacidade de evoluir de cada um, o olhar direto e afetivo fizeram com que a turma, outrora tachada de "ruim e desmotivada", mudasse esse perfil ao longo da narrativa. Erin Gruwell foi uma professora que fez a diferença na vida deles.

POR QUE CONTINUO SENDO PROFESSOR?

Esta pergunta é comum em quase todas as experiências humanas. Por que continuo neste casamento? Por que não rompo com este amigo? Por que não interrompo este livro aqui mesmo? Por que não procuro outra operadora de celular?

Vou tentar começar pelo mais positivo. Quando temos dúvida sobre permanecer com alguém ou em algum lugar, é porque a soma das coisas negativas não é tão terrível que elimine a dúvida. Quando estamos num inferno total, não temos dúvida: queremos sair. Dúvida revela, por vezes, que há coisas boas.

Outro ponto importante: a dúvida pode revelar que temos um ideal positivo do que deveria ser a relação, o emprego ou a operadora. Acreditamos que exista uma boa operadora, um bom trabalho ou um bom casamento. Se assim não fosse, estaríamos conformados com o que temos.

A resposta deveria ser um pouco lógica: permaneço sendo professor porque o total de coisas boas supera a soma das ruins. É preciso começar pelas ruins para avaliar. Quais são?

É ruim entrar numa sala e, por vezes, sentir que só você quer ensinar. É ruim ganhar mal. É ruim sentir-se um obstáculo à felicidade daquelas pessoas que prefeririam estar fazendo qualquer coisa, menos estar ali. É ruim interromper 15 vezes o simples ato da chamada para pedir silêncio. É ruim aplicar uma prova e sentir-se um policial na "cracolândia" com todos transgredindo ao seu redor. É ruim passar todo o domingo corrigindo aquela prova enquanto sua família, tranquila, vê televisão e conversa. É ruim entregar aquela mesma prova que você levou muitas horas corrigindo e, em vez de ser louvado pelo trabalho benfeito, receber caras de desdém ou de raiva. Alguns alunos rasgam e amassam a prova na sua frente, aquela mesma prova que você corrigiu até de madrugada.

É ruim perceber que o colega que deu nota alta para todos está feliz e leve e é louvado pela coordenação. É ruim fazer conselho de classe. É ruim encontrar-se com alguns pais que acreditam na genialidade dos filhos. É ruim ser chamado à coordenação e ouvir que sua aula deveria ser mais interessante, isso dito por uma pessoa absolutamente desinteressante e incapaz de ficar com uma turma por 15 minutos.

De novo: é ruim ganhar mal. É ruim repetir a matéria em cinco turmas no mesmo dia. É ruim ficar em pé muito tempo e ter pó de giz até nos ossos (giz talvez seja o único mal com perspectiva de acabar em médio prazo). É ruim viajar com alunos, mas, se tudo der certo, ponto para a escola e seu projeto pedagógico; se algo sair errado, você está ferrado... Por vezes, é ruim ouvir a conversa na sala dos professores e, pior ainda, descrever um êxito na sala de aula e receber uma reação que mistura despeito e inveja. É ruim dar muitas aulas e não conseguir ler coisas novas na sua área. É ruim ter este tempo, mas ter dúvida se você precisa ler algo a mais para aqueles alunos que enfrenta. É ruim constatar que alguém, com a metade ou um terço da sua idade, conseguiu perturbá-lo a ponto de você gritar. É ruim envelhecer diante de um público sempre jovem e renovado na sua juventude a cada ano. E, por fim, de novo: é ruim ganhar mal.

Um único parágrafo como o anterior serviria para afastar a maioria dos pretendentes ao magistério. Sempre temo quando se promovem cursos de atualização de professores e chegamos ao inevitável ponto do professor como jardineiro de almas. De todas as metáforas da minha profissão, essa é a que reúne dois defeitos graves: é cafona e esconde a dura realidade do cotidiano da sala de aula.

Eu preciso reclamar de uma coisa muito ruim, universalmente ruim, estruturalmente ruim no magistério: as reuniões. Em nenhum lugar elas são mais demoradas, inúteis e tediosas do que no magistério. As empresas modernas contratam assessorias para melhorar reuniões. Quem lida com dinheiro, quer que ela seja rápida, pois atrapalha a ação. Nas escolas, nada disso acontece.

Preciso dizer a você, caro e jovem professor: você passará horas sentado e ouvindo bobagens. E, quando uma decisão importante for tomada, saiba, cada um vai fazer do seu jeito. Tenho uma teoria. Coordenadores e a direção precisam cumprir horário em geral. Não são regulados pela obrigação da hora-aula. Normalmente, chegam antes dos professores retornarem das férias e cumprem plantões durante o recesso escolar. Na minha teoria conspiratória, esses chefes, coordenadores, supervisores e diretores têm raiva de tudo isto e... convocam reuniões. Reunião só pode ser uma forma de punir professores. Só isso explicaria o motivo da maioria absoluta ser mal preparada, longa, sem pauta e com decisões que não obrigam a ninguém.

SOMOS TODOS "CHORÕES PROFISSIONAIS"?

Você vai descobrir logo: nós, professores, reclamamos muito da nossa profissão. Reconheço: há certo narcisismo em toda reclamação. Nossa vaidade exige que até nossos problemas sejam os maiores do mundo. Ninguém sofre tanto como o professor, pelo menos na nossa versão de professores. É preciso um pouco de perspectiva. Cada função tem uma carga positiva e negativa a considerar. Os médicos são despertados, com frequência, no meio da noite por pacientes ansiosos. O erro de um médico leva à cadeia. O engano do engenheiro pode tirar vidas. Você se acha tenso cuidando da prova de 45 adolescentes? Imagine a tensão do controlador de voo com 45 aviões piscando na sua tela. Seu aluno é difícil? Imagine a função do responsável por um presídio. Alcoolismo, suicídio e outras formas de escape de funções estressantes são mais frequentes entre médicos do que entre professores. Só há uma reclamação comum a todas as profissões: ganha-se pouco em troca do esforço.

Se você está começando, a maioria desses problemas não aparecerá de imediato (fora o salário). Por exemplo: é provável que você tenha desenvolvido certa curiosidade como aluno sobre o funcionamento do conselho de classe. O que será que eles discutem lá dentro? Então, o primeiro conselho de classe será como entrar no "Santo dos santos", a parte mais cheia de mistério e força do Templo de Jerusalém. Profissionais, adultos, discutem e votam o destino de muitos, por vezes centenas, jovens estudantes. Como transcorrerá isto? Eu diria que de muitas formas. Às vezes, são muito boas. Consigo uma visão mais ampla do aluno. Sei que ele é preguiçoso em Matemática, todavia adora Português. O conselho pode ser (e tantas vezes foi para mim) uma chance de conhecer mais meu aluno e ser mais justo com ele. Mas, muitas vezes, o conselho é ruim mesmo, cansativo, demorado, com mais fofocas pessoais sobre os alunos do que debates pedagógicos. Alguns professores deixam claro que o momento do conselho é uma vingança pessoal contra alguns alunos. Outros, em redes de ensino pagas, negociam sua permanência no cargo aprovando todos e defendendo a direção. Alguns deixam claro que não conhecem absolutamente ninguém. Com o tempo, você deixará de amar conselhos de classe. O *mistério* está desfeito. Resta o cotidiano...

Talvez isso seja o mais difícil de definir. Como numa relação, o começo tem dificuldades, mas predominam as descobertas. Você, pela primeira vez em família, escuta alguém lhe chamar de "professor". O título é algo notável. Implica respeito. Na rua, uma senhora aponta para você e anuncia: você dá aula para minha filha. Isso é bom no começo. Mas preciso predizer aqui: haverá um dia em que você não ouvirá você dá aula para minha filha, mas... você deu aula para minha mãe. Segundo um professor meu da universidade, o dramático é quando você ouve: o senhor deu aula para minha vó...

Este é o ponto para avaliar uma função. Vale a pena de verdade? Difícil responder com uma palavra apenas. No entanto, é preciso lembrar que toda função entra num ritmo de repetição. Quase todo professor passará por muitas escolas. São raros os que ficam a vida inteira em uma única instituição. Seja por escolha do profissional ou da mantenedora, seja por resultado de um concurso ou casamento, seja por mudança ou tédio: você peregrinará por muitas instituições. A cada nova instituição, especialmente nos anos jovens da carreira, você sentirá renovações. Algumas coisas são melhores do que na experiência anterior. Mas haverá um momento sério e dramático que quase nada novo se apresentará.

Todos nós procuramos uma zona de conforto. Desejamos coisas que transmitam segurança. Isso implica, quase sempre, que você entrará num momento em que a repetição dominará sobre a criação. Claro que, alguns colegas, reagindo ao declínio físico e mental, bradarão com energia que, apesar da idade, são muito mais dinâmicos que muito jovem professor. Fuja deles: esta frase é um sintoma claro do fim...

A zona de conforto ocorre de muitas maneiras para o professor. A primeira é que você estereotipa, padroniza os comportamentos.

A aluna que nada faz, o "nerd", a aluna genial, aquela que se insinua para os colegas, o brigão, o esforçado, o bonitinho, o riquinho, o do fundão, o de letra incompreensível, o reclamão, o psicopata: todos estarão em moldes conhecidos depois de uma década ou duas. Alguns professores chegam a confundir significado e significante: "todo Rafael para mim é bagunceiro"... ou "toda Ludmila é estranha"... O mesmo ocorrerá com colegas, diretores, orientadoras vocacionais, semana de planejamento, conselhos de classe e pais furiosos. É quase automático. A luz original dá lugar ao clichê.

A outra forma de "acomodação" é fruto de certa sabedoria. Um jovem professor começa a carreira com ambiguidades sobre qual lado da trincheira ele habita. Os jovens se escandalizam quando observam um velho colega gritando com um aluno, porque uma parte deles ainda tem raiva dessas histerias. Um jovem professor é, em parte, um velho aluno. Inevitavelmente, a maioria, por experiência ou corporativismo, passa para o outro lado. Torna-se, para o bem e para o mal, inteiramente professor.

O que acontece? Diminui, sem dúvida, a vontade de mudança radical. Na maioria de nós, essa vontade acompanha os anos ambíguos da juventude. O jovem professor ensina mais do que sabe. Significa que ele tem uma energia superior tanto ao seu conhecimento como a sua capacidade de transmiti-lo. Vamos percebendo que as coisas mudam pouco, ou lentamente, ou não mudam.

Vou dar um exemplo. Tive um orientando que escrevia mal do ponto de vista da clareza e da regra formal. Assustado com o resultado diante de uma banca, passei dias com ele corrigindo, linha a linha, a bendita dissertação. Fiz o que, profissionalmente, seria um serviço de revisão. Não era minha função, mas decidi que era o que eu faria. Deu muito trabalho. Líamos a frase em voz alta para ver se ela tinha adquirido, enfim, sentido. Feita a defesa, dois professores elogiaram o texto, dizendo que era raro um texto daquela qualidade no mestrado. Resposta do meu orientando: "É, mas meu orientador acha que eu escrevo mal"... Vontade de esganar o infeliz. Impulsos homicidas afloram com intensidade. O que aconteceu? Mesmo sabendo que isso era um caso isolado, foi difícil indicar soluções de texto na próxima dissertação ou tese. Em determinado momento, todo professor que eu conheço sente que prega no deserto, que fala para ninguém, ou que é pouco efetivo o que faz. Quando isso se repete ao longo de muitos anos, fica difícil, muito difícil mudar de atitude.

Em algum momento, somos invadidos pelo "grande cansaço". Não é apenas o cansaço físico que, sim, aumenta ano a ano. Mas é um cansaço com o próprio essencial da educação. Claro que a maioria não vai declarar isso. Pega mal falar que não vale a pena. Em público, especialmente diante de pessoas com cargos na instituição, anormal é dizer o quanto você se entusiasma hoje mais do que há 35 anos. Exemplo muito concreto: as primeiras provas bimestrais que eu corrigi foram lidas logo após o término da avaliação. Eu estava muito curioso para saber como eles tinham ido. Claro, como todo jovem, tinha também colocado uma questão de avaliação das aulas que eu lia com avidez. Hoje, demoro mais para ler provas. Tento sempre corrigir com a honestidade e o rigor, mas confesso que a pilha diminui mais lentamente do que eu gostaria.

Isso, lógico, deve ser comum a todas as funções. É preciso dizer a quem quer seguir qualquer carreira: há momentos de cansaço estrutural. Atinge mais a uns do que a outros, mas quase ninguém está isento. No entanto, preciso também dizer que, comparando com outras funções, as que lidam com seres humanos em formação vivem isso em grau menor. Aquele peso que Kafka coloca nos burocratas da sua obra, aquele tédio pétreo e uniforme, é quase impossível no magistério.

Lidar com jovens é lidar com a novidade. Quem trabalha com crianças e adolescentes, ou mesmo com jovens adultos, descobrirá que está mais atualizado com gírias, com aparelhos eletrônicos, com cantores e outras coisas que a média das pessoas com a mesma idade. Sim, existe cansaço e existe repetição, mas sejamos justos: grande parte desse cansaço pertence à vida e não ao magistério em particular.

Há funções de criação (como pintores ou compositores) que resistem à aposentadoria. Quem cria, em geral, morre criando e encontra sentido nisto até o final. Pensando em gênios de primeira linha, como Beethoven e Monet, eles vão até o fim lutando e produzindo. Beethoven surdo e Monet cego, dois impedimentos para suas funções de músico e pintor, lutaram com energia até o momento derradeiro. Precisavam trabalhar porque aquilo era mais do que trabalho, era vida e era sua comunicação consigo e com o mundo.

No outro oposto disso, estão as funções repetitivas, mecânicas e mal pagas. É o operário de *Tempos modernos* de Charles Chaplin, que interrompe o que faz no instante exato do apito de fim de expediente. É o burocrata cinza que conta os dias e meses para a aposentadoria, carimbando e morrendo um pouco a cada vez. São zumbis que morreram há anos, porém aguardam o laudo oficial chamado aposentadoria.

O magistério encontra-se no meio desses dois polos. Por um lado, contém criação, invenção, lida com o novo e com o conhecimento. É algo vivo porque implica sensibilidades do espírito e é renovado pela própria renovação dos alunos. Todo professor é obrigado a dar respostas originais ao desafio de ensinar e, mesmo sem o traço da *Nona Sinfonia* ou das *Ninfeias* do impressionista, fazemos sons e criamos cores muito interessantes.

Por outro lado, há algo de repetitivo e de burocrata no magistério. Diários, médias, relatórios, padrões, reuniões: isso nos empurra para baixo, aproxima-nos do mecânico-burocrático. Os baixos salários também nos solidarizam com o operário de Chaplin.

Assim, estamos entre os artistas e os burocratas, pagando nosso preço a cada um destes universos. Pesquisadores de ponta de grandes centros, que também dão aulas, conseguem usufruir um pouco mais do lado artístico criador. Um professor de ensino médio que tem 60 horas semanais de aulas consegue entender mais o burocrata. No meio, a maioria de nós.

HÁ ALGO DE BOM?

Voltamos à questão inicial: por que eu continuo sendo professor? Eu tenho clareza sobre alguns pontos dessa questão. O primeiro ponto é de curto prazo: gosto de estar entre pessoas e de lidar com elas. Sim, o inferno são os outros, ensinou-nos o amargo Sartre. O que o francês esqueceu-se de afirmar é que o paraíso também está no outro. Lidar com gente, com alunos, em geral mais jovens do que eu, traz uma energia inovadora. Saio de uma aula (quase sempre...) melhor do que entrei. Ali, ocorre uma interação, nem sempre fácil, mas sempre muito forte.

Lidar com gente pode ser bom, pelo menos para os que gostam desse tipo de trabalho, mas não me manteria no magistério. Há muitas profissões que lidam com gente, de massoterapeuta a recepcionista. Eu lido com gente, com alunos, mas lido transformando e sendo importante na vida deles. Acredito que o conhecimento transforma. Por quê? Porque me transformou. Minha visão de mundo, minhas formas de interagir com os outros, minhas opções políticas, minhas convicções religiosas: não existe um único aspecto da minha existência que não dialogue com meus anos de estudo e formação. Quando sou professor, eu quero, em última instância, que meus alunos também saiam transformados. Sei que, como a morte pode derrotar o médico, a ignorância pode frustrar meus esforços. Há coisas que não controlo. Há resultados que não obtenho, no entanto luto para obter.

Eu brinco com meus alunos dizendo que há momentos de reações "bovinas". É quando você desvenda um mistério para um aluno. Ele entendeu finalmente a equação de Euler? Ele percebeu a origem dos termos direita e esquerda na política a partir da Revolução Francesa? Ele conseguiu ler uma expressão complexa em inglês? É a hora que muitos fazem: hummmm. É a hora da reação bovina.

Há o choque imediato do conhecimento. Aquele que nasce de uma informação clara e direta ou de uma habilidade nova. Mas há um momento mais interessante. Este precisa de mais sensibilidade. É a mudança de médio e de longo prazos que, por vezes, podemos acompanhar. É um aluno que entrou conosco fazendo pouco ou nada e cresce diante de nós. É algo mais estrutural no intelecto ou no corpo dele que só podemos notar com certo distanciamento. Esta, talvez, seja a parte mais tocante do magistério. Deve ser similar ao momento que o oncologista anuncia ao paciente: agora, após cinco anos, posso afirmar que você está curado do câncer que o afligia.

Tantas vezes, ao final do terceiro ano do ensino médio ou ao final da graduação, eu pude indicar a um aluno: lembra como você entrou aqui? Lembra-se das suas dificuldades? Lembra como essa coisa simples o assustava e agora você faz com toda facilidade?

Sempre estou diante de uma opção subjetiva e pessoal. Sem perder meu senso de realidade, opto por apostar no melhor possível. O que significa isso? Meus fracassos me educam e me alertam. As vezes em que, em vez de educar, eu fui grosseiro ou mau professor; ações que existem em grande quantidade. Cada fracasso meu (por culpa minha, ou da escola, ou do sistema ou de tudo um pouco) serve como indicação e advertência. Mas, deliberadamente, opto por não me prender aos fracassos. Opto por lembrar as coisas boas e positivas. Se eu fosse médico, estaria dizendo: já perdi pacientes, mas opto por lembrar as vidas que salvei. Se eu fosse Jesus, estaria elogiando a fidelidade de João e não a traição de Judas.

Falei do curto prazo. Mas quem dá aulas há mais tempo, tem uma outra experiência: o longo prazo. Profissão de resultados lentos, o magistério é quase imperceptível nos seus frutos ao final de um ano, ainda que eles existam. Falo daquela coisa pela qual todos os professores com 10 ou 20 anos de trabalho já passaram. Encontrar um aluno, muitas vezes que lhe deu um trabalho louco, dizer a você numa esquina da vida: suas aulas me marcaram para sempre. Um aluno meu que brigou muito comigo no ensino médio me disse exatos 20 anos depois, num reencontro: queria que meus filhos tivessem aula com você. Bem, não conheço os filhos dele e isso pode até ser uma forma sofisticada de vingança póstuma, mas quero entender que ele julgou importante ter tido aula comigo e queria que seus filhos, seu bem mais precioso, tivessem a mesma experiência. Minha ação foi compreendida nos seus objetivos... vinte anos depois. Superadas provas, superadas tensões, superadas as brigas por disciplinas (ou por drogas ou por violência e outras coisas), surge uma visão mais clara do que eu propunha.

O centro da reflexão talvez seja este. O brilho de ser professor é a nossa relevância. Não existe sociedade sem aulas. Não é possível fazer nada no mundo sem professores. Todos os médicos, engenheiros, políticos, operários especializados foram, por alguns ou muitos anos, alunos. Todos tiveram professores. É um exército invisível. Vemos as obras prontas: o paciente curado, a máquina construída, o texto escrito e esquecemos que atrás de cada autor há um professor. Somos a malha invisível que dá coesão social.

PARA ENCERRAR

Uma vez vi um filme bonito: *Filadélfia*. A obra é dirigida por Jonathan Demme. Tom Hanks fazia um advogado portador de uma doença grave e que processava o escritório do qual fora demitido.

A história é tocante e vai ficando mais dramática porque a personagem está morrendo. Acreditando que sua demissão foi ocasionada por preconceito, ele inicia a ação judicial. Denzel Washington faz o advogado de defesa de Tom Hanks e deve enfrentar seus próprios preconceitos para tratar com o cliente.

Durante o julgamento, Andrew Beckett (o advogado vivido por Hanks) é indagado sobre por que havia se dedicado ao Direito. A personagem dá uma resposta muito bonita. Diz que, às vezes, muito raramente, o Direito encontrava a Justiça, e, quando isso acontecia, era maravilhoso.

Gosto dessa ideia. Passei a repeti-la para mim com uma adaptação. Posso dizer de forma muito clara: às vezes, muito raramente, o conhecimento encontra a educação. Quando isso acontece é uma das experiências mais marcantes para um professor. No olhar de um aluno, ou de muitos, ocorre aquela iluminação de sentido, aquela epifania que mencionei. O conhecimento surge com a força original e transformadora que ele possui. Esse momento justifica tudo e apaga todos os contratempos, como o sorriso de uma criança elimina o cansaço dos pais. Naquele exato momento, você passou a fazer parte da vida daquele aluno e, mesmo que ele esqueça o sentido exato da iluminação, houve algo que estará lá para todo sempre. Naquele instante, eu fiz diferença. Fiz para sempre.

Às vezes, conseguimos ensinar. Para um jovem, este "às vezes" pareceria quase uma crítica ao ser professor. É uma defesa. É também um alerta: grande parte do seu tempo como professor será tomado por atividades secundárias ou até contrárias ao ato de ensinar. Mas... às vezes... Bem, para levar ainda mais adiante a ideia. Se é lindo quando conseguimos ensinar, é ainda mais interessante quando esta transformação é um caminho de ida e vinda, quando fechamos um círculo no processo e eu também aprendo como professor. Grande parte do que eu sou hoje, aprendi com meus alunos. Sou muito devedor deles.

Por que eu continuo professor? Porque eu faço muita diferença na vida de muita gente. Por mais babaca que pareça para muitos, esse é meu tijolo na parede da cidadania que estamos construindo no Brasil. Essas coisas me fazem feliz. Sou professor porque sou feliz. Para mim, tem bastado ao longo dessas décadas. Basta para você?

★ ★ ★

FILME
Ao mestre, com carinho (To Sir, with Love). Direção de James Clavell. Reino Unido, 1967.

Em 1967, o aclamado autor dirigiu o filme inglês *Ao mestre, com carinho*. Mark Thackeray (Sidney Poitier) faz um professor negro na periferia de Londres. A obra mistura os problemas da explosão jovem da década de 1960 com questões raciais e o pano de fundo educacional. Na verdade, Sidney Poitier é engenheiro, mas faz um bico como professor para sobreviver, enquanto aguarda um emprego "real". Os resultados iniciais na sala são desastrosos. Os alunos são indisciplinados. Os colegas dividem-se entre os que desprezam os alunos como delinquentes desinteressados e outros que temem esses jovens. Ao longo de um ano tumultuado e enfrentando muitas dificuldades, Poitier vai se descobrindo como professor e ensinando. Ao final, ele sente que fez a diferença e seus alunos também mudaram muito. Após esse período difícil na escola, ele recebe a proposta de emprego na sua área original. Está prestes a aceitar quando entram novos alunos que, como os antigos, chegam arrogantes e indisciplinados. Ele toma, então, uma decisão e você deve ver o filme para saber. O que eu gosto neste filme é que a sala de aula não é boa, a escola tem enormes dificuldades e o mundo ao redor do professor é muito árduo. O filme não constrói ambientes românticos. Mais interessantes: há mais de 40 anos, na velha Europa, um grupo de professores afirma que os jovens não querem nada com nada e que do jeito que vai não existirá próxima geração que saiba ler. O professor Mark não acreditou nisso. É um bom filme para encerrar este livro.

CONCLUSÃO

Todo ano começo um novo curso de graduação e um novo curso de pós-graduação na Unicamp. Preciso confessar uma coisa... Apesar de ter começado turmas dezenas de vezes, sinto uma certa tensão antes da primeira aula. Como será a classe? Acho que disfarço bem, mas continua um incômodo que se repete todo primeiro dia de aula, e que reproduz um certo jovem nervoso há 30 anos numa sala de professores. Talvez, para diminuir o incômodo, tenho pensado que esse sentimento demonstra que ainda dou muita importância para aquilo que faço, que ainda penso na recepção da minha aula e da minha pessoa como algo importante. Talvez. Pode ser apenas timidez e certa covardia também, disfarçadas, encobertas, mas existentes. Mas meu medo traz uma certeza para você: não tem jeito, começando hoje pela primeira vez, com 2 anos de magistério ou com 20, a experiência de enfrentar 50 jovens olhando para você não é fácil. Acho que quem salta de paraquedas (nunca fiz), deve ter um medo especial na primeira vez, como eu tive na minha primeira turma. Mas imagino que, mesmo aquele que salta toda semana, ainda tem um minuto de ansiedade: e se não abrir desta vez? A coragem absoluta parece ser uma forma de insanidade. Um pouco de medo tensiona a corda do violão e produz melodia. Solta, a corda é pouco útil.

Sim, o medo continua e pode ser um bom sinal. Mas não importa a profissão que você escolha. Haverá um momento em que o brilho inicial vai desaparecer. O médico lutou para entrar na universidade, arduamente. Fez um curso longo. Dedica-se a aliviar a dor e salvar vidas: uma profissão acima de quase todas. A palavra *médico* provoca reações nas pessoas, como se elas estivessem diante de alguém especial. Mesmo o médico, saiba, passa por crises diante da sua profissão. Ao entrar o paciente número 8.000 e contar a mesma história; ao enfrentar a mãe histérica de número 7.653, ele suspira, pensa no que o levou a escolher aquele caminho e começa de novo a explicar que o picolé não provoca infecção na garganta. O médico, ao menos, tem um caminho para não ouvir gente chata: especializar-se na autópsia de cadáveres. Professores não têm essa opção. Nossos alunos sempre são vivos, incrivelmente vivos.

Glamourizamos as outras profissões. Em vez da nossa rotina repetitiva e desgastante, supomos como seria ser um astro de *rock* famoso ou um jogador milionário aos 20 anos. Mas tantos astros se matam jovens, ricos e famosos que resta uma questão quase óbvia e antiga: fama e dinheiro, evidentemente, não garantem o paraíso. Dado ruim: a falta absoluta de reconhecimento e de dinheiro pode garantir o inferno...

Se você tiver contatos com profissionais de outras áreas, verá que as reclamações de todos se assemelham: pacientes/clientes/alunos chatos; chefes difíceis; governos insensíveis e horários crescentes. A grama do vizinho sempre mais verde e mais bonita. Hoje, eu já estou acostumado, mas, certa vez, há muitos anos, estourei numa sala de professores. Uma colega reclamava pela milésima vez como ganhava mal, sofria com alunos e não via sentido naquilo. Eu já a tinha ouvido demais. A ladainha parecia uma estalactite pingando fel sobre minha cabeça. Tudo era ruim, azedo e sem cor. Um dia em que o azedume dela encontrou o meu, respondi à queima-roupa: "Por que você não troca de profissão, então?" Silêncio mortal na sala. Eu havia enunciado o óbvio. Nem ela lutava para melhorar nem abandonava o que parecia detestar. Ficava sobre um muro de acidez e dor, algo muito perverso quando se trabalha com jovens. Um professor amargo é como um pneumologista que fuma ou um *personal trainer* obeso: é uma contradição em termos. Mas ela ficou em silêncio. Murmurou algo inaudível. A pergunta estava no ar naquele intervalo. Se estou infeliz no casamento, por que não me separo? Se odeio fazer o que faço, por que não escolho outra coisa?

Custei a entender que algumas pessoas reclamam sem parar e não agem. Encontram prazer em reclamar apenas. Reclamar bastante traz certa gratificação: pressupõe que não faço parte daquilo, que não sou responsável, que não colaboro para o estado das coisas. Se reclamo que os alunos não aprendem, estabeleço que eu ensino da minha parte e que o problema está na recepção e não na emissão. Se o governo ou a mantenedora pagam mal, deixo claro que trabalho muito e bem e que o pagamento inviabiliza melhoria. Se a direção é confusa ou sem diretriz, reclamo disso e no fundo me tranquilizo: eu faço a minha parte, alunos, direção e governo não. Reclamar é uma forma de dizer: o que está ao meu alcance, eu fiz. O que possa existir de ruim vem dos outros; o mérito da alguma qualidade é meu. Omite a mim, como sujeito e agente histórico, e me vitimiza. Sou um mártir da educação, um sujeito honesto e trabalhador distribuindo pérolas aos porcos. Quem reclama sente o prazer de encarnar uma Joana d'Arc básica: eu vejo coisas que vocês não conseguem ver e por isso vocês me perseguem. Essa posição messiânica é perigosa e pouco produtiva.

Este livro foi feito para conversar com a parte que nós, professores, podemos alterar. Foi pensado para nossa responsabilidade e nossa ação. Foi feito sem pretensão de mudar a crônica indiferença dos poderes públicos com a educação ou a cupidez de alguns empresários da educação. Escrevi pensando apenas no que está sob minha responsabilidade direta e imediata. Como disse na Introdução, era este o espaço que eu acho que fazia falta. Era esta a microfísica do poder que eu procurei atingir. Toda educação é política e a minha política começa (mas não se encerra) numa aula bem dada, que estimula o senso crítico e mira num mundo melhor, mas a partir de uma aula, de uma prova bem organizada e de um plano de curso coerente.

Já foi dito, com densa acidez, que o material escolar mais barato é o professor. Sempre me revoltei com essa ideia e considerei que o primeiro passo para eu reivindicar melhorias é ser, cada vez mais, um professor melhor.

Um pensador do Iluminismo americano, Benjamin Franklin, dizia algo muito profético no século xviii: "Diga-me e eu esquecerei, ensina-me e eu poderei lembrar, envolva-me e eu aprenderei". O desafio é envolver. Mas não apenas envolver o aluno, mas envolver minha vida para que eu a sinta significativa, importante, transformadora e útil. Ensinar é envolver e, para envolver, eu preciso tecer esses fios entre meu saber, minha prática profissional e minha vivência como pessoa e cidadão.

Estamos, como queria Sartre, condenados à liberdade. Para que essa liberdade exista de forma intensa, para você, para mim e para nossos alunos, o conhecimento é fundamental.

Para encerrar, apenas isto: PARE e PENSE. PARE o que está fazendo logo após a leitura deste parágrafo. Concentre-se e PENSE: estudar, saber, conhecer – estes verbos transformaram a sua vida? Você se tornou alguém melhor, que vê mais, que sente outras coisas, que integra *links* com o mundo? Seu olhar ganhou agudeza? Sua sensibilidade está maior? O mundo tem lógicas que você passou a perceber e antes não via? Você realmente se humanizou ao estudar? Tornou-se uma pessoa melhor para falar e ouvir, para ver e sentir? Seu senso crítico aumentou com o conhecimento? Você está vendo mais longe? Você melhorou em relação ao que era?

A experiência é importante e ela virá a seu tempo. Nada ensinará mais do que a sucessão de salas, alunos e reuniões. Os espanhóis gostam de afirmar que o "diabo sabe mais por ser velho do que por ser diabo". A idade traz muitas luzes e algumas dores nas articulações. Envelhecer traz repertório e perspectiva, mas o ponto de partida está nas perguntas que fiz antes. Você realmente acha que o conhecimento pode melhorar as pessoas? A chave de ignição está na crença do conhecimento. Se você acredita no que você sabe, se tem consciência do poder revolucionário do saber, é o início e é o fundamental. Então de novo: você acredita no conhecimento?

Se a resposta for *sim* para essa ou para a maioria das questões feitas antes; se acredita que esta experiência libertadora do conhecimento pode ser transmitida como foi a você por professores, textos e experiências, então, parabéns, colega: VOCÊ JÁ É UM PROFESSOR. E o resto? O resto virá com o tempo, creia-me. Se a certeza que eu citei existe em você, essas ideias fazem sentido para você. Bem-vindo ao meu mundo e parabéns pela escolha. Não houve um único dia nestes 30 anos em que eu não sentisse uma emoção por ser professor. Nem sempre fui feliz em todos os campos da minha vida. Mas o campo profissional, sem a menor sombra de dúvida, foi um eixo norteador bonito e intenso. Eis o segredo final: descobriu o lugar em que você é feliz? Entre nesse lugar e nele fique. Vai começar mais uma aula e você estará nela como professor. Vai fundo, professor! Há um desafio de vida a sua frente. Vai encarar?

LIVROS PARA PENSAR MAIS

Estes poucos livros são maneiras de você aprofundar os temas tratados ao longo do livro. Leia um ou todos e faça uma nova jornada de reflexão.

01) Didática magna
    Autor: Comenius – 1592-1660
    São Paulo, wmf Martins Fontes, 2011

Este professor do conturbado século XVII no centro da Europa escreveu uma obra que faz pensar muito. Como ensinar rapidamente e com eficiência? Todas as pessoas podem aprender? Temas tão inovadores hoje como a interdisciplinaridade já constam nas propostas dele. Qual o papel da experiência prática para a sala de aula? Essas questões ocuparam a mente de Comenius e podem ajudar a pensar sobre o exercício do magistério.

02) A escola com que sempre sonhei
    Autor: Rubem Alves
    Campinas, Papirus, 2005

A preocupação de Comenius era mais técnica e prática. A de Rubem Alves é mais filosófica e poética. Seus livros não trazem coisas muito dirigidas ao concreto imediato, mas falam de questões gerais e importantes de um novo humanismo na educação. Aqui aparece a Escola da Ponte, um conceito para um novo espaço escolar. Dele também você pode ler: *O aluno, o professor, a escola* (Papirus, 2011). *A alegria de ensinar* (Papirus, 2001) e *Conversas com quem gosta de ensinar* (Papirus, 2000).

03) Disciplina: limite na medida certa
 Autor: Içami Tiba
 São Paulo, Gente, 1996

A linha aqui é mais psicologizante. Içami Tiba reflete sobre horários, regras e as novas concepções de disciplina. Um dos grandes desafios do magistério é a questão da disciplina. Para enfrentá-la, seria bom ler muitas coisas.

04) Educação escolar: políticas, estrutura e organização
 Autores: Mirza Seabra Toschi, José Carlos Libâneo e João Ferreira de Oliveira
 São Paulo, Cortez, 2007

Livro com perfil mais técnico sobre escola e estrutura escolar e as diversas reformas do ensino.

05) Coleção "50 grandes"
 Autora: Joy Palmer
 São Paulo, Contexto

Há dois livros muito importantes nesta coleção. O volume *50 grandes educadores: de Confúcio a Dewey* (2005) trata dos clássicos. Sempre com uma biografia breve e trechos e ideias importantes dos educadores. É uma maneira prática e boa de saber muito sobre uma vasta rede de pensadores da educação. O outro volume vai de Piaget e Paulo Freire e trata dos *50 grandes educadores modernos* (2006).

OS AUTORES

Leandro Karnal é professor, historiador, graduado em História pela Universidade do Vale do Rio dos Sinos (Unisinos) e doutor pela Universidade de São Paulo (USP). Leciona há 30 anos, tendo passado por ensino fundamental, médio, escolas públicas e privadas, cursinhos pré-vestibulares, universidades variadas e hoje leciona na Universidade Estadual de Campinas (Unicamp). Trabalha há muitos anos com capacitações para professores da rede pública e publicação de material didático e de apoio para os professores. Pela Contexto publicou como autor, coautor ou organizador *Estados Unidos, História da cidadania, As religiões que o mundo esqueceu, O historiador e suas fontes, História na sala de aula* e *História dos Estados Unidos*. Viaja bastante e observa professores e alunos em meios como comunidades indígenas no México, escolas da França, aulas no Norte da Índia, Vietnã e China. Sua meta de vida é ser lembrado como alguém que tentou ser um bom professor.

Rose Karnal é professora, formada em Letras pela Universidade do Vale do Rio dos Sinos (Unisinos), em 1985, e pós-graduada em Literatura Infanto-Juvenil. Leciona em ensino médio e fundamental há 32 anos. Iniciou sua vida profissional na rede pública. Atualmente, trabalha no Colégio São José, em São Leopoldo. Fazer a diferença na vida do aluno, levando as possibilidades de conhecimento e convivência saudável... eis algumas das razões para continuar no magistério.

GRÁFICA PAYM
Tel. [11] 4392-3344
paym@graficapaym.com.br